어린이관의 근대

『빨간 새』와 동심의 이상

The Making of Modern View of Children in Japan

지은이 가와하라 카즈에(河原和枝)는 1952년 일본 미에현에서 태어났다. 1976년 오사카대학 법학부를 졸업하고 오사카대학 대학원 인간과학연구과 사회학을 전공하다 박사 후기과정 중에 중도에서 그만둔다. 오사카대학 조교수를 거쳐 무코가와여자대학 전임강사를 역임한다. 현재는 교토다치바나대학 문학정책부 교수이다. 저서로는 『현대문화를 배우는 사람들을 위하여』(세계사상사, 공저), 『문화사회학으로 초대합니다』(세계사상사, 공저), 『사회를 바라보는 열두 개의 창』(학술도서, 공저), 『강좌 현대사회학 23 -일본문화의 사회학』(이와나미쇼텐, 공저), 『연구=일본의 아동문학 2-아동문학의 사상사, 사회사』(도쿄서적, 공저) 등이 있다.

옮긴이 양미화는 1969년 서울에서 태어났으며, 건국대학교 일어교육과를 졸업하였다. 지금은 월간 『어린이와 문학』에서 일하고 있다. 옮긴 책으로 『바보별』, 『절뚝이의 염소』, 『내 배가 하얀 이유』, 『손수건 위의 꽃밭』, 『아프리카의 기적』이 있다.

어린이관의 근대
: 『빨간 새』와 동심의 이상

1판 1쇄 인쇄 2007년 04월 10일
1판 1쇄 발행 2007년 04월 20일

지은이 / 가와하라 카즈에
옮긴이 / 양미화
펴낸이 / 박성모
펴낸곳 / 소명출판
출판고문 / 김호영
등록 / 제13-522호
주소 / 137-878 서울시 서초구 서초동 1621-18 (란빌딩 1층)
대표전화 / (02) 585-7840
팩시밀리 / (02) 585-7848
somyong@korea.com / www.somyong.co.kr

ⓒ 2007, 소명출판

값 15,000원

ISBN 89-5626-243-8 93830

어린이관의 근대

『빨간 새』와 동심의 이상

The Making of Modern View of Children in Japan

가와하라 카즈에 지음 / 양미화 옮김

소명출판

　이 책에서는 지식사회학적 관점에서 아동문학이 어떠한 변화를 거쳤는가를 살펴보면서 그 속에서 근대 일본의 '어린이'의 이미지를 고찰하였습니다. 어린이를 어른과 다른 속성을 지닌 존재로 간주하고, 어린이 시기를 어떤 정해진 연령대로 나누는 사고방식은 근대 서양에서 명확한 형태를 갖추었습니다. 일본의 근대적 어린이관은 이러한 서양의 근대적 어린이관의 영향을 강하게 받아 형성되었지만, 서양의 어린이관을 기반으로 하면서도 두 가지 계기가 필요했습니다. 즉, 메이지 5년 학제의 분포와 메이지 말기에서 다이쇼 중기에 걸쳐 이루어진 근대적 아동문학(=동화)의 탄생이었습니다. 전자는 메이지 정부의 부국강병정책의 하나로 실시되어 '위에서 아래로', 즉 제도적으로 '어린이'가 만들어졌습니다. 후자는 사회문화적인 의미에서 '어린이'에 대한 '앎'의 변용이었다고 말할 수 있습니다. 이러한 생각을 바탕으로 이 책은 메이지·다이쇼기의 아동문학이 어떻게 변화했는지를 살펴보고 '동화'에 그려진 어린이의 이미지를 분석하여, 거기에 나타나는 '동심'이라는 이상이 일본의 근대화 과정에서 어떠한 의미를 지니는가에 대하여 생각하였습니다.

이 책은 한국의 독자를 상정하여 쓰인 것은 아닙니다. 하지만 한국에서도 일본처럼 근대화가 산업화나 서양화로서 받아들여지고 진전되었다는 사실은 별반 다르지 않을 것입니다. 그런 점에서 보면, 어린이관의 변모에도 공통된 점이 있을지 모르겠습니다. 이 책이 한국에서 간행되는 것을 계기로 두 나라 사이에 아동문학과 어린이를 둘러싼 사회학적 연구가 한층 더 발전된다면, 참으로 영광일 것입니다.

마지막으로 이 책을 번역하기 위해 전력을 다해주신 양미화 씨에게도 심심한 인사를 드립니다.

2007년 3월

가와하라 카즈에[河原和枝]

목차

제 1 장

序__어린이의 이미지

어린이라는 인생무대

우리는 왜 어린이를 보면 순수하다든가 천진하다는 이미지를 떠올릴까? 현실의 어린이들은 어른과 마찬가지로 학교나 학원에서 친구 문제로 고민에 빠지기도 하고, 가정환경 때문에 힘들어하기도 한다. 하지만 어떤 경우에는 매우 영악스럽게 행동하며, 어른 뺨치는 처세술도 발휘한다. 아마 자신의 어린 시절을 되돌아보아도 순진무구한 존재였다고 생각하지 않을 것이다. 많은 사람들이 그렇게 생각한다. 그런데도 어린이는 순진무구하다는 관념이 마음 한구석에 자리 잡고 있어, 이 관념이 잘 없어지지 않는다. 어린이를 어른과 다른 특별한 존재로 보는 관념은 대체 어디에서 생겨난 것일까?

　우리는 누구나 어른이 되기 전에 어린이 시기를 경험한다. 인간은 연령에 따라 어른과 어린이로 구별되며, 사회생활의 많은 부분에서 다른 취급을 받는다. 오늘 우리 사회는 유아기·아동기·사춘기·청년기·중년기·노년기, 이렇게 인생을 여러 단계로 구분하며, 각각의 연령에 어울리는 행동을 하도록 강제한다. 교육받을 연령, 결혼하고 가정을 꾸릴 연령, 왕성하게 활동하는 연령, 혹은 퇴직하고 노후를 보내는 연령 ……, 각각 연령단계에는 법률이나 제도 또는 관습이 요구하는 연령 규범과 문화 규범이 있다. 많은 사회학자가 지적하듯이, 연령은 인간을 사회적으로 구분하고 편성하기 위한 매우 좋은 원리이며, 인간 각자의 독자성을 구성하는 요소로도 중요한 의미를 갖는다.

　예를 들면 자신의 현재 위치에 대해 생각할 때도, 장래를 예측할 때에도, 우리들은 자신의 연령과 연령이 가지는 사회적 의미를 고려한다. 또 전혀 모르는 사람과 만날 때도 상대가 어느 세대의 사람인가를 알면, 어느 정도 짐작하여 마음의 준비를 할 수 있다. 요컨대 연령이란 생물학적으로 나이를 먹는—신체가 성장, 발달해서 이윽고 노쇠하는 과정—어느 시점을 단순하게 나타내는 것이 아니라, 나이를 먹는 과정에 대하여 사회가 부여하는 이미지와 관련이 깊은 개념이다. 그리고 그 이미지에는 각기 다른 사회의 문화·역사·정치·경제 같은 여러 요소가 복잡하게 얽혀 있다. '어른'과 '어린이'의 이분법은 이처럼 사회가 연령을 기준으로 구성원을 나누는 가장 기본이 되는 구별법이다.

근대사회와 어린이

'어른'은 사회인의 한 사람으로서 여러 가지 권리와 의무를 가지지만, '어린이'는 그렇지 않다. '어린이'는 아직 불완전한 존재이므로, 어른은 사회의 거친 파도가 미치지 않도록 어린이를 보호하고 성장 발달에 맞는 교육을 시킨다. 우리들에게 이러한 어린이관은 당연한 것이다. 그러나 우리의 이런 어린이관이 어느 곳에서나 통용되는 것은 아니다. 사회가 다르면 어린이관도 달라지고, 또 어린이들이 겪는 경험도 달라진다. 이것을 미국의 사회학자 카프(Karp, David)와 욜즈(Yoels, William C.)는 다음과 같이 말한다.

예를 들어, 나바호 인디언[1]은 어린이를 독립된 존재로 생각하며, 부속의 모든 행사에 어린이를 참가시킨다. 어린이는 보호받아야 하는 존재로도, 책임질 능력이 없는 존재로도 여기지 않는다. 어린이의 말은 어른의 의견처럼 존중하며, 어떤 협상을 할 때도 어른이 어린이를 대변하지 않는다. 어린이가 걷기 시작할 때도 부모가 위험한 물건을 미리 살펴 없애지 않으며 어린이 스스로 실패하면서 배우게 한다. 이러한 어린이에 대한 신뢰는 우리 눈에는 지나친 방임으로 보이는데, 자신과 다른 사람의 자립을 존중하는 나바호 문화를 가르치는 데는 가장 효과적인 방법이라고 한다.

또한 동유럽의 전통 유태인 코뮤니티는 지식이 풍부해야만 도덕적으로 바르다고 생각하기 때문에, 남자 아이(남자 아이에게

---

1) 미국 인디언의 최대부족. 나바호(Nabaho)는 위대한 토지라는 뜻.

만 한정되지만) 교육에 많은 관심을 기울인다. 아기의 작은 몸짓 하나도 지적으로 조숙한 조짐이 아닐까 하고 다시 살핀다. 세 살이나 다섯 살이 되면 벌써 정식교육을 시작한다. 유아라도 나이가 다른 어린이들과 섞여 1주일에 5일 간, 오전 8시부터 오후 6시까지 공부시켜, 평생 공부하는 습관을 들인다.

오늘날의 어린이관, 요컨대 '어린이'기를 몇 살까지로 구분할 것인가? 또 어린이를 특별한 애정과 교육 대상으로 보는 견해는 프랑스의 역사가인 필립 아리에스(Ariés, Philippe)에 따르면, 주로 근대 서양사회에서 형성되었다. 유럽에서도 중세에는 어린이를 어른에 비하여 몸집이 작고 능력이 떨어지는 존재, 즉 '작은 어른'으로 여겼을 뿐, 특별히 어른과 큰 차이가 없다는 생각이 일반적이었다. 어린이는 '어린이 취급'을 받지 않았으며, 고용살이를 하거나 견습생으로 일하였고, 모든 일상생활에서 어른과 섞여 어른과 같이 일하고 놀고 생활하였다. 어린이를 차츰 무지하고 천진무구한 존재로 간주하고, 어른과 명확하게 구별하여 학교와 가정으로 격리한 것은 17세기부터 18세기에 걸쳐 일어난 일이었다. 아리에스는 이 과정을 『어린이의 탄생－앙시앵레짐기(期)의 어린이와 가족생활』[2] 안에 어린이 모습을 그린 그림과 어린이의 복장, 놀이, 교회에서 기도하는 말과 학교에서 생활하는 모습들을 꼼꼼히 기록하였다. 아리에스는 근대사회사 연구를 통해 지금 우리에게 친숙한 어린이관도, 인간이 유아기를 지나

---

2) Ariés, Philippe, *L'Enfant et la vie familiale sous l'Ancien*, Régime, Plon, 1960(杉山光信・杉山恵美子 訳, 『子供の誕生－アンシャン・レジーム 期における子供と家族生活』, みすず書房, 1980). 문지영 역, 『아동의 탄생』, 새물결, 2003.9.

자기 자신을 스스로 돌볼 수 있는데도 바로 어른이 되지 못하고 '어린이'기를 거쳐야 한다는 인생 과정의 존재 자체도 역사적·사회적 산물이라고 하였다.

일본의 경우

서양에서 '어린이'에 대한 개념은 사회가 근대화하면서, 근대 가족과 학교가 발전하는 가운데 오랜 기간에 걸쳐 서서히 생겨났다. 한편 일본에서는 메이지 정부의 급격한 근대화 정책으로 서양 어린이관의 영향을 받으면서도, 서양과 다른 과정으로 '어린이' 탄생을 맞이하였다.

메이지유신(1868)까지 어린이는 어린이로서 어른과 구별되기 이전에, 봉건사회의 일원으로서 무사의 자식이고 상인의 자식이며 농민의 자식이었다. 더욱이 남녀 차별이 있어서, 같은 가족으로 태어나도 남자 아이와 여자 아이는 전혀 다른 대우를 받았다. 무사 가문의 후계자로 정해진 아이는 아버지가 죽으면 언제라도 가문의 관리인이 되어 어른 몫을 할 수 있도록 어렸을 때부터 엄하게 교육을 받았다. 농민의 아이도 어렸을 때부터 부모 일을 거들고, 마을 아이 모임에도 참가하여 공동체의 한 사람으로 일을 맡아 하였다. 근세 후기 이후, 테라코야[寺子屋][3]와 고가쿠[郷学][4]가 농촌에도 생겨 읽기와 쓰기를 배우기도 하였지만, 그것은 어디까지나 일상생활에 필요한 지식을 배우는 데 그쳤

---

3) 에도시대 초등교육기관. 6세~13세 대상이었고 쓰기, 읽기, 산술을 교육하였다.
4) 18세기 말부터 급격히 확산된 지방의 교육기관. 학제 공포 이후 소·중학교로 개편된다.

다. 그러므로 일하면서 부모에게 배우는 일상 지식과 구별되지 않았다. 어린이들은 봉건사회가 나누어놓은 소속 계급이나 남녀의 역할 분담에 어울리는 어른이 되도록 교육받았다.

1872년(메이지 5)의 학제 공포5)는 각각 다른 세계에 속해 있던 어린이들을 학교라는 같은 공간에 한꺼번에 집어넣어 '아동'이라는 연령 범주에 포함시켰다. 이런 의미로 보면, 일본에서 '어린이'는 근대국가를 짊어질 국민 육성을 목표로, 의무교육의 대상으로서 제도적으로 생겨났다고 할 수 있다.

인식의 변화

그러나 제도가 만들어졌다고 해서 당시 사람들이 '아동'이라는 존재에 대해, 지금 우리들이 갖고 있는 '어린이'의 이미지를 바로 가진 것은 아니었다. 사회적·문화적 의미로 '아동'이라는 존재에 어떤 속성이 부여되어, 근대의 '어린이'관이 만들어지기 위해서는, 학제라는 제도에 덧붙여 또 하나의 다른 계기가 필요하였다. 그것이 문학이었다고 가라타니 코오진[柄谷行人]은 말한다.

가라타니 코오진에 따르면 '아동'은 '풍경(風景)'과 '내면(內面)'과 함께 근대에 비로소 발견되었다. '아동이 객관적으로 존재하였던 것은 누가 보아도 분명하다. 그러나 우리들이 보고 있는 아동은 극히 최근에 발견되어 형성된 것이다.' '아동'은 메이지 말기, 오가와 미메이[小川未明]를 비롯한 문학자들의 꿈으로서 또는 퇴행적 공상으로서 발견되었다. 오늘날의 관점으로 보면 오가와

---

5) 1872년 공포된 근대 교육제도 교육 기회를 확대하고 실업교육을 강화하였다.

미메이가 그린 '아동'은 어른이 생각한 아동이며, 아직 '진정한 어린이'가 아니라고 아동문학가와 교육자들에게 비판받는다. 하지만 실제로는 오가와 미메이가 찬미하고 그려낸 관념적 존재를 통하여 '아동'은 성립되었다. 이런 의미로 본다면 '아동'이 우선 꿈과 공상을 동반한 "어떤 내적 뒤바뀜으로 발견된 것은 확실하다. 사실 아동이란 개념은 그렇게 해서 찾아낸 것이며, 나중에 현실의 어린이나 진정한 어린이란 개념이 형성되었다."(『일본근대문학의 기원[日本近代文学の起源]』) 즉, 근대로 접어들자, 어린이에 대해 인식이 바뀌었기 때문에 게슈탈트(Gestalt) 심리학6)에서 말하는 다의도형(多義図形)처럼 새로운 윤곽을 가진 '어린이'라는 존재가 나타났다. 가라타니 코오진은 문학이라는 제도 안에서 중대한 인식의 변화가 이루어졌으며, 문학자들의 낭만주의적 관념에서 먼저 '아동'이 생겨났다고 주장하였다.

이러한 논의전개에 가라타니 코오진은 반 덴 베르그(van den Berg, Jan H.) 역사심리학의 관점을 활용하였다. 반 덴 베르그는 아리에스의 초기 연구에 영향을 받았다. 하지만 아리에스가 '어린이'의 탄생을 심성사(心性史)로 기술한 데 비해, 반 덴 베르그는 '지식사회학'에 관련된 문제로 다루면서, '어른'과 '어린이'로 구분짓는 인식이 형성되었다고 하였다. 오늘날 인간 생활에는 두 개의 측면이 있으며, 그것은 '성인'과 '미성년'이라는 구별로 성립한다. 성인에게는 '출산, 죽음, 신앙, 성생활과 같은 성년에게 어울리는 속성'이 부여된다. 그리고 이런 속성이 부족한 것

---

6) 형태주의 심리학이라고도 한다. 구성주의에 대한 반발로 독일에서 주창된 심리학 이론이다.

이 미성년 즉 어린이라고 하였다.

하지만 이런 구별은 근대 시기, 그것도 18세기가 되어야 나타난다. 서양에서는 17세기까지 어린이를 어른과 거의 구별하지 않았다. 예를 들면 루소 이전의 사상가는 몽테뉴이건 존 로크이건 누구 하나 '어른이 되는 일'에 대해서 언급하지 않았다. 몽테뉴는 『수상록』에 허영에 대해서, 슬픔에 대해서, 거짓과 진실에 대해서, 우정과 고독에 대해서, 올바르게 죽는 방법에 대해서, 기도에 대해서, 주벽과 박정함에 대해서, 승합 우편 마차와 벼룩에 대해서……, 이렇게 모든 것을 관찰하고 자신이 본 것은 무엇이든지 정확하게 기술했지만, 어린이가 어른이 되는 인생의 한 단계에 관해서는 전혀 언급하지 않았다. 반 덴 베르그는 그것을 몽테뉴가 "보지 않은 것"이 아니라 "볼 만한 것이 없었기 때문"이라고 하였다.

그러나 루소는 어린이를 어른과 다른 존재로 생각하였다. 그는 『에밀』(1762)에서 지금까지 어린이를 어른 취급하는 교육론, 예를 들어 어린이는 이성적 태도로 접근해야만 하고 어린이도 이성적인 것을 좋아한다는 존 로크의 견해를 비판하였다. 그리고 "어린이는 어린이이며 어른이 아니다"라고 선언하고, 어린이라는 독립된 인생 단계를 인정해야 한다면서, 어린이가 어른이 되기 위해 거치는 심리적 성숙과 사춘기의 문제에 대해서도 언급하였다.

이렇게 해서 어린이는 '어린이'가 되었다. 또한 '어린이'답지 않은 존재, 즉 성숙한 어른이라는 관념도 만들어지고 명확한 상이 확립되었다. 어른은 어린이에 대해서 차츰 거리를 두게 되었고, 이윽고 사춘기라는 특별한 시기도 성립하였다. 어린이는 '언젠가 어른이 되기 위해서는 어린이다워야 하는' 존재가 되었다. 또한 '어린이다움'이라는 속성을 부여받아 차별화되었고, 어른이 되기 위해서 사춘기라는 '심리적 성장을 위한 복잡한 시기'를 거쳐야 하는 존재가 되었다.

'어린이' 시기가 일단 성립하자, 시대가 바뀌면서 기간이 길어져 좀처럼 어른이 되기 어려워지고 더 복잡해졌다. 반 덴 베르그는 "어린이가 어른이 되려고 시도하면 어른은 어서 오라고 손짓하면서도 겁먹고 뒷걸음치기 때문"이라고 하였다. 어른이 어린이에게 제시하는 '어린이' 모델에는 어른이 될 것을 요구하면서도, 완전한 어른이 되는 것을 거부하는 모순이 내재되어 있다(『메타브레티카―변화의 역사심리학』[7]).

어린이라는 지식

어른이 어린이를 어떻게 인식하는지 알 수 있는 좋은 소재 가운데 하나가 아동문학이다. 어른이 어린이를 위해서 쓰는 아동문학은 어린이에게는 어린이에게 어울리는 문학이 필요하다는 어른들의 생각, 즉 어른과 어린이 사이의 구별을 전제로 하고 있으므로 다양한 의미에서 그 사회의 어린이관을 확실히 반영한다. 또한 아동문학에 그려진 '어린이'의 이미지가 반대로 사회에 영향을 끼쳐 사회구성원의 어린이관을 변화시키기도 한

---

7) van den Berg, Jan H., *Metabletica*, Uitgeverij G. F. Callenbach N. V., 1956(早坂泰次郎 訳, 『メタブレテイカ―変化の歴史心理学』, 春秋社, 1986).

다. 실제 근대 일본에서 아동문학은 이 같은 변화가 꽤 극적인 형태로 나타났다. 메이지·다이쇼기 아동문학의 역사를 더듬어 보면 그런 시기를 발견할 수 있다.

일본에서 어린이를 순진무구한 존재로 보는 낭만주의적 어린이관은 메이지 말기 문학에서 시작되었다. 오가와 미메이와 스즈키 미에키치[鈴木三重吉], 기타하라 하쿠슈[北原白秋] 같은 문단 제일선의 작가들이 다이쇼 중기의 '동화·동요'운동을 일으켰으며, 지금까지 없었던 새로운 '어린이'의 이미지를 만들어내었다. 그런데 이 운동은 당시 아동문학 전문가들이 아니라, 어른 소설과 시를 써서 세상에 알려진 작가들이 이끌었기 때문에, 어린이 세계에 커다란 사건이면서, 또 그 이상으로 문학자와 지식인의 세계에서도 큰 사건이었다.

더욱이 그 대상이 어린이였기 때문에 가정과 학교를 둘러싸고 퍼져나갔고, 문단과 논단을 넘어서 일반 세상까지 널리 퍼져나갔다.

이렇게 해서 '동화·동요'운동에서 생겨난 새로운 '어린이'의 이미지는 일반 사람들의 어린이관에 커다란 영향을 미쳐, '어린이'에 대한 일반 지식으로 정착하여 갔다. 여기에서 말하는 '지식'이란 사람들이 어린이들에 대해서 '알고 있는 것' 또는 '알고 있다고 생각하는 것'을 가리킨다. 이 '지식'을 통해서 사람들은 어린이를 이해하고 해석한다.

이런 의미로 '지식'을 다루는 사회학 분야에 '지식사회학'으로 불리는 영역이 있다. 그 영역은 물론 어린이뿐만 아니라 우리가 일반적으로 세계를 이해하고 해석하기 위한 틀로 지니고 있는 '지식'의 존재 방식, 그 사회적 형성과 작용을 탐구한다. 이 책에서는 지식사회학적인 시점을 이용하면서, 메이지·다이쇼 시기의 아동문학을 소재로 어린이에 관한 새로운 '지식' — 그리고 '지식의 사회적 재고(在庫)'의 일부로서 오늘날까지 남아 있는 '지식' — 이 어떻게 형성되고, 어떠한 의미를 가지는가에 대해서 생각해보려고 한다.

제 2 장

오토기바나시에서 동화로

1. 메이지의 소년문학

'오토기바나시'라는 이름

어린이의 읽을거리는 아동문학·동화·오토기바나시[お伽噺]
등 여러 가지 이름이 있다. 어떻게 부르느냐에 따라 떠오르는
이미지도 조금씩 다르다. 예를 들면 '아동문학'은 '문학'으로 쓴
어린이용 작품 '동화'는 독일의 그림형제가 쓴 동화같이 왕자
나 공주가 등장하는 메르헨, '오토기바나시'는 '모모타로[桃太
郎]'나 '원숭이와 게의 싸움[さるかに合戦]' 같은 옛이야기라는 식
으로 말이다.

그러나 이 말들이 처음부터 이런 이미지를 가졌던 것은 아니다. 메이지 시기에 어린이의 읽을거리는 대부분 '오토기바나시'라고 하였다. 단순히 일본 옛이야기뿐만 아니라 번역된 서양 메르헨이나 창작품도 '오토기바나시'였다. 지금도 유원지를 '오토기 나라[おとぎの国]'로 이름 붙인다든지, 어린이들의 꿈같은 이야기를 '오토기바나시처럼[おとぎばなしのよう]'이라고 묘사하는 것처럼 이 시기의 말이 아직도 남아 있다. 하지만 '오토기바나시'는 다이쇼 중반부터 점차 '동화'로 쓰이다가, 쇼와 시기에 들어와서는 '아동문학'으로 바뀌었다. '동화'나 '아동문학'처럼 다른 이름이 등장한 것은 먼저 쓰던 이름에는 없는 새로운 의미가 포함되었기 때문이었다.

메이지 시기의 '오토기바나시'도 사실은 메이지의 새로운 문화 안에서 생겨난 말이었다. 전국시대 다이묘의 말 상대를 해주던 사람을 '오토기슈[御伽衆]'라 하였듯이 '오토기[お伽]'는 '말 상대한다'는 의미뿐으로 어원에는 어린이에 관련된 특별한 의미는 없었다. 무로마치 시기부터 에도 전기에 걸쳐 성립된 '오토기조시[お伽草子]'¹⁾도 어린이용으로 쓰인 것이 아니라 서민의 교양과 오락을 위한 읽을거리였다. 어린이만을 독자 대상으로 하는 책은 메이지 중반이 되어서야 비로소 나타났다. '아동 저널리즘'이라고 할 만한 것이 탄생하고, 어린이들의 읽을거리에 이와야 사자나미[巖谷小波]가 '오토기바나시'라는 이름을 붙였을 때 비로소 '오토기바나시'는 완전히 어린이의 자리로 들어서게 되었다.

---

1) 무로마치시대부터 에도 초기에 걸쳐 만들어진 통속단편소설.

어린이와 독서

메이지 초기에 아직 어린이만을 위한 읽을거리는 거의 없었으며, 어린이는 어른과 같은 것을 읽었다. 일반 사람들은 책을 혼자 조용히 읽지 않고, 가족 모두가 모여 누군가가 책을 소리내어 읽으면서 즐거움을 함께 나누었다. 에도 시기의 쿠사조시[草双紙]2)나 서양 소설 번역물, 예를 들면 메이지 10년대(1877~1887)까지 크게 유행했던 『팔견전(八犬伝)』이나 『로빈슨전[ロビンソン全伝]』, 『신기하고 놀라운 아라비아 이야기[開港驚奇暴夜物語]』는 어른과 어린이 모두의 것이었다. 어린이들은 이런 독서 습관과 할머니와 할아버지가 들려주는 옛날이야기를 들으면서 어느덧 이야기 세계에 친숙해졌다.

어린이들이 의식적으로 책을 읽은 것은 공부하기 위해서였다. 1907년(메이지 40)에 잡지 『소년세계』가 당시 명사들 약 130명에게 행한 설문조사에 따르면, 그들이 처음으로 읽은 책도 역시 어린이용이 아니었다. 그중에는 소학독본이나 후쿠자와 유키치[福沢諭吉]의 『세계 여러 나라[世界国づくし]』라는 대답도 있지만, 대개 『대학』이나 『논어』 같은 유교경전이라고 하였다. 예를 들면 후타바테이 시메이[二葉亭四迷]나 가토 히로유기[加藤弘之]는 『논어』라고 하였고, 이자와 슈지[伊沢修二]나 오와다 타케키[大和田建樹], 가노 지고로[嘉納治五郎] 같은 이들은 『대학』을 들었다. "대학이나 논어를 절반 정도 읽고 그 다음에는 단어편"(다니모토

---

2) 에도시대 18세기 후반에 유행한 그림이 있는 대중소설. 표지색에 따라 아카홍 [赤本], 구로홍[黒本], 아오홍[青本], 기보시[黄表紙]라고 하였으며 나중에 생겨난 고캉[合本]을 합쳐서 쿠사조시라고 하였다.

토메리[谷本富])이라든가, 『대학』이라고 먼저 말한 뒤에 "7세에 추운 곳에서 수련하고 백문(白文)3)의 당본(唐本)4)을 읽어 백지를 상으로 받았다"(난죠 분위[南条文雄])고 덧붙인 것도 있어 당시 모습을 엿볼 수 있다.

'처음으로 읽은 책'에는 가정에서 행한 '후미하지메[文初め]'5)라는 의식적인 요소도 들어 있는 듯한데, 오늘날의 그림책과 달리 어린이가 읽기 쉬운 내용도 아니었으며, 재미있어 하지도 않았으리라 생각된다.

『고가네마루』의 등장

일본에서 처음으로 어린이를 위해 창작된 작품은 이와야 사자나미의 『고가네마루[こがねまる]』이다. 『고가네마루』는 1891년(메이지 24) 1월 하쿠분칸[博文館]에서 '소년문학총서' 제1편으로 발표되었다. 이와야 사자나미는 오토기바나시란 말을 처음으로 사용한 사람이지만, 이 책은 아직 오토기바나시가 아니라 '소년문학'이라 하였다. 그는 '소년문학'이라는 이름을 『고가네마루』의 '일러두기'에서 이렇게 설명하였다.

> 이 책의 이름을 '소년문학'이라고 한 것은 소년용 문학이라는 의미로 독일어 Jugendschrift(juvenile literature)에서 따왔는데, 일본에 적당한 말이 없어 임시로 이름 붙인다.

---

3) 구두점 없이 내려 쓴 한문.
4) 중국에서 전래된 책.
5) 왕족이나 귀족의 자제가 7, 8세 때 처음으로 글을 배우기 시작하는 의식.

이와야 사자나미는 독일어에 능숙했기 때문에 어린이용 읽을 거리의 이름을 찾다가 독일어 Jugendschrift를 참조하였다. 모리 오가이[森鴎外]는 『고가네마루』에 서문을 쓰면서 "기옥소설(奇獄小說)이 유행하여 읽고 나면 마음에 상처만 받았는데, 이런 시기에 오사나모노가타리[穉物語] 한 권을 저술하여"라며 "오사나모노가타리"라는 말을 붙였다. 기옥소설이란 『욘겔의 기옥[楊牙の奇獄]』(1877)으로 시작되어, 구로이와 루이코[黑岩淚香]의 활약으로 널리 유행하였던 탐정소설을 말한다.

하쿠분칸은 1887년(메이지 20)에 창립된 신진 출판사로 끊임없이 세력을 넓혀, 1891년 '소년문학총서'와 『유년잡지』를 창간하면서 아동출판에 적극적으로 나섰다. 『고가네마루』는 하쿠분칸이 많은 정성과 공을 들인 책으로 만듦새가 매우 멋지다. 4×6판으로 일본 재래식 장정6)으로 되어 있으며, 표지에는 오자키 코요[尾崎紅葉]의 필치인 쇼쿠산징[蜀山人]풍의 글자로 "사자나미산징[漣山人] 저술 고가네마루 소년문학 제1권"이라고 쓰여 있다. 또 그 밑에는 이야기에 등장하는 동물이 하리코[張り子]7) 호랑이나 하리코 소의 모습으로 그려져 있다. 표지와 책의 속표지, 권두화는 목판 칼라인쇄이고, 본문은 어린이들도 읽기 쉽도록 커다란 4호 활자가 사용되었다. 정가는 12전, 메밀국수 한 그릇이 1전이었던 시절에 꽤 비싼 가격이었다.

---

6) 일본 종이를 반으로 접어서, 그 끝을 표지 위에서 실로 맨다.
7) 종이를 여러 겹 붙여 만든 장난감으로, 머리 부분이 움직인다.

『고가네마루』의 원수 갚기

『고가네마루』는 '고가네마루'라는 이름을 가진 개가 주인공이며 원수를 갚는 이야기이다. 여러 동물들이 등장하여 활약하는데 줄거리는 다음과 같다.

고가네마루의 부모인 츠키마루와 하나세는 마을 촌장집 개였다. 고가네마루가 아직 어머니 뱃속에 있을 때 아버지는 쵸스이라는 여우의 계략에 빠져 호랑이 긴보대왕에게 죽임을 당한다. 어머니도 고가네마루를 낳고 원통해 하면서 죽고 만다. 고아가 된 고가네마루를 소 부부인 분가쿠, 보단이 늠름하게 키운다. 성장하여 부모가 죽은 사정을 알자 키워준 양부모에게 큰 절을 올리고는 원수를 갚기 위해 수행길에 나선다. 그리고 사냥개 와시로와 쥐 오코마를 만나 그들의 도움으로 고생 끝에 겨우 긴보대왕을 무찌른다. 오랜 숙원을 이루고 와시로와 함께 집으로 돌아온다.

내용도 예스럽지만 문장도 문어체이다. 서두를 살펴보자.

옛날 옛날 어느 깊은 산중에 호랑이 한 마리가 살았더랍니다. 세월이 흐르자 몸은 송아지보다 커지고, 눈은 거울이 무색할 정도로 번쩍였고, 수염은 바늘 한 다발을 꽂아 놓은 듯이 뾰족하게 자랐고, 한번 포효하면 소리가 산천과 계곡에 울려 퍼져 나무에 앉았던 새들도 놀라 떨어지게 되었더랍니다. 그리하여 산중에 있던 승냥이, 이리, 사슴 등 크고 작은 짐승들이 모두 두려워하며 복종하지 않는 이들이 없어지게 되어, 점점 맹위를 떨치게 되었더랍니다. 호랑이는 자신을 긴보대왕이라 부르게 하고 수많은 짐승들을 눈 아래로 내려다보며, 산 속 모든 동물의 임금이 되었더랍니다.

우리가 지금 보아도 문장이 어려워, 도저히 어린이를 대상으로 쓰였다고 하기 힘들다. 하지만 당시는 겨우 언문일치체가 도입된 시기였으며, 그때까지도 어린이들은 일상생활에서 문어체로 읽고 쓰고 있었다. 딱딱하기는 하지만 오히려 더 친숙한 문체였고 어려워서 읽을 수 없는 정도는 아니었다. 이와야 사자나미가 "오로지 소년(少年)들이 읽기 쉽게 하려고 일부러 언문일치체를 폐한다. 가끔 5·7구의 음률 등을 이용하여 느낌과 문장을 시대에 맞게 쓰니, 오히려 소년들이 읽기 쉽고 이해하기 쉽지 않겠는가"라고 일러두기에 쓴 것을 보면, 그간의 사정을 엿볼 수 있다. 해학이 넘치며 리듬감 있는 문장으로, 예를 들면 빈사 상태인 어미 개 하나세를 "지금 피골이 상접하고 코끝이 완전히 말라 살아 있는 개라고 생각할 수 없는"이라고 묘사하면서, 죽기 직전에 암소에게 고가네마루를 부탁하며 남편과 함께 긴보 대왕과 싸우지 않았던 이유를 "만약 소첩도 서기에 나아가 호랑이와 싸웠다면 남편과 함께 죽임을 당했겠지요. 그때는 누가 원수를 갚아 준단 말입니까? 결국 우리 세 식구 목숨을 버리는 것에 지나지 않으며, 이것은 바르게 보이지만 바르지 않으며, 개 죽음이란 바로 이런 것입니다" 하고 말한다.

독자를 즐겁게 하는 장치도 곳곳에 숨겨져 있다. 고가네마루의 상처를 치료하는 아카메 할아버지는 사실은 딱딱산[かちかち山][8]의 토끼로, 나쁜 너구리를 응징한 공을 인정받아 달나라 궁전에서 절구와 절굿공이를 얻었고, 여기에 약을 찧어 영험한 의사가 되었다는 옛이야기의 후일담도 있다. 또 쥐 오코마가 대왕의 신하인 교활한 쵸스이를 쓰러뜨리기 위해서는 쵸스이가 좋

---

8) 일본 5대 옛이야기. 농부를 괴롭히던 고약한 너구리를 지혜로운 토끼가 대신 혼내주는 이야기.

아하는 음식인 쥐 튀김으로 유인할 수밖에 없다는 말을 듣고, 옛날에 목숨을 살려준 은혜에 보답하기 위해, 자해하여 자신의 몸을 내준다는 미담도 들어 있다. 오코마를 연모한 고양이가 남편 쥐를 살해하고 오코마를 빼앗으려 한다거나, 긴보대왕에게 사슴 첩이 있는 것처럼 어른의 속된 삶도 거리낌 없이 그려진다. 동물들로 전개되는 기뵤시[黃表紙]9)풍의 원수 갚는 이야기는 오늘날 아동문학과 취향이 전혀 다르지만 지금 읽어도 꽤 재미있다.

그리고 채색된 권두화 2점, 본문 안에 삽화 28점이 있다. 얼굴은 개나 원숭이, 여우인데 기모노를 입은 모습으로 의인화된 동물들이 나무 그늘에서 여행 복장으로 방어 태세를 취하거나 팔에 상처를 내어 의형제 결의를 하거나 한다. 그림을 그린 사람은 다케우치 케이슈[武內桂舟]라는 우키요에[浮世絵]10) 화가였는데, 고가네마루 그림을 그린 뒤에는 삽화가로 활약하였다. 다케우치 케이슈의 멋진 그림도 어린이들의 눈을 즐겁게 했을 것이다.

이와야 사자나미와 겐유샤

『고가네마루』의 저자인 이와야 사자나미는 일본 최초의 문학 결사인 겐유샤[硯友社]의 동인이었다. 그는 1870년(메이지 3) 귀족

---

9) 에도시대 간행된 그림책으로 처음에는 영웅전설 같은 내용으로 어린이용이었으나 18세기 후반으로 가면서 점점 어른용으로 바뀌었다. 익살이나 해학, 풍자를 주된 내용으로 하였다.
10) 에도시대 성행한 유녀(遊女)와 연극을 다룬 풍속화.

원 의원이며 저명한 서예가이기도 한 이와야 오사무[巖谷修]의 셋째 아들로 태어났다. 어렸을 때부터 독일인에게 독일어를 배우는 등 유복한 환경에서 가업인 의사가 되기 위해 교육을 받았다. 그러나 소년 시기부터 사자나미산징[漣山人]이라는 이름으로 신문에 글을 기고하여 단골 기고가가 될 정도로 문학적 재능이 뛰어났다. 그는 문학으로 뜻을 굳혀 1887년(메이지 20), 17세에 겐유샤에 참가하였다.

겐유샤는 당시 도쿄제국대학생이었던 오자키 코요, 야마다 비묘[山田美妙]가 1885년(메이지 18)에 창립한 단체였다. 처음에는 문학을 좋아하는 청년들의 취미 모임에 지나지 않았지만, 점점 직업 작가집단으로 발전하였다. 『요미우리신문』에 입사하여 잇달아 신문소설을 발표한 오자키 코요를 중심으로 가와카미 비잔[川上眉山], 이와야 사자나미, 에미 스이인[江見水蔭], 히로츠 류로[広律柳浪]의 활약으로 문단의 중심 세력이 되었으며, 메이지 30년대(1897~1907)까지 한 시기를 풍미하였다.

일본 근대문학사를 더듬어 보면 겐유샤가 발족한 1885년(메이지 18)은 츠보우치 쇼요[坪内逍遥]가 『소설신수(小説神髄)』[11]를 발표한 해이기도 하다. 도쿄대학을 졸업한 학사라면 입신출세가 보장되는 시대에 문학을 전공한 츠보우치 쇼요는, 당시에는 가치 없는 것으로 생각했던 문학을 과감히 언급하여, 게사쿠[戲

---

11) 평론. 전9권이고 합본 상, 하권은 1886년에 간행되었다. 상권은 소설총론으로 소설의 변천, 목적, 종류, 소설의 공헌으로 나눈 원리론이다. 하권은 소설작법으로 소설법칙 총론, 문체론, 소설 각색 법칙, 시대물의 각색, 주인공 설정, 서사법으로 나누어 신소설의 창작 방법을 언급하였다. 일본 최초로 쓰여진 소설체계로서 문학사적으로 의의가 크다.

作]12)의 통속성을 부정하고 예술성을 설파하였다. 겐유샤는 에도 취미를 가진 도시 청년들의 모임이었다. 그렇기 때문에 익살과 해학을 좋아하고 게사쿠의 전통을 이어받으려는 문학관을 가지고 있었지만, 시대의 감성에 따라 츠보우치 소요의 사실(写実) 중시를 실천하려는 측면도 있었다.

후타바테이 시메이의 『뜬구름[浮雲]』(1887)은 츠보우치 소요의 『소설신수』의 영향을 받은 문학사 최초의 사실적 근대소설이었다. 지식인의 내면을 묘사한 작품이었으나 너무 고답적 내용으로 흘러 많은 지지를 받지 못하였다. 하지만 겐유샤 작가들의 통속적이며 대중적인 작풍과 메이지의 새 시대를 느끼게 하는 묘사는 시대의 기호와 맞아떨어져 폭넓은 독자층을 형성하였다.

1897년부터 1902년까지 『요미우리신문』에 연재되어, 한 세기를 풍미한 오자기 코요의 『금색야차(金色夜叉)』는 알려진 대로 하자마 간이치가 은행가 아들의 재산에 마음을 빼앗긴 약혼녀 시기사와 미야에게 배반당하자 고리대금업자가 되어 사회에 복수하려는 이야기이다. 사랑이냐 돈이냐를 괴로워하는 미야와 간이치의 이야기는 자본주의가 발전하는 당시 사회를 통속적으로 반영하여 사람들의 공감을 얻었고, 신파 연극으로도 여러 번 상연되었다.

어린이 작가 이와야 사자나미

이와야 사자나미는 1887년(메이지 20), 겐유샤의 기관지 『가라

---

12) 에도시대 통속오락소설의 총칭.

쿠다문고[我楽多文庫]』에 『진여의 달[真如の月]』을 처음 발표한 이후 겐유샤의 중심에서 활약하면서, 당시에는 아직 알려지지 않았던 언문일치체 문장으로 알려진 작가였다. 1889년(메이지 22), 그의 나이 19세 때 『가라쿠다문고』에 연재하여 호평받았던 『5월 잉어[五月鯉]』가 슌요도

이와야 사자나미

[春陽堂]에서 『첫단풍[初紅葉]』으로 제목이 바뀌어 출판되었다. 또한 뒤를 이어 요시오카쇼텐[吉岡書店]에서 『조개 오누이[妹背貝]』가 간행되었다. 이와야 사자나미는 젊은 나이에 벌써 이름이 알려진 작가였다. 그는 선배 오자키 코요의 저서보다도 자신의 『첫단풍』이 너 빨리 세상에 나온 것을 은근히 자랑스러워하였다.

『첫단풍』이나 『조개 오누이』, 두 작품 모두 10대 소년 소녀의 사랑이 중심 테마였다. 이 두 작품만이 아니라 그의 소설 주인공 대부분은 소년 소녀였다. 실제 그의 나이가 젊었던 탓도 있지만 무엇보다도 어린이 이야기를 잘 썼다. 즐겨 어린이를 묘사하였으며 게다가 세간의 평판도 좋았다. 그는 독일로 유학 간 형이 선물한 오토[13]의 『메르헨』[14]을 어렸을 때부터 애독하여 이미 메르헨의 세계에 친숙하였다. 또 그중 한 편을 번역하여 「오니의 수레[鬼車]」라는 제목으로 『가라쿠다문고』에 싣기도 하였다. 이와야 사자나미는 어른 소설을 쓰기도 했지만, 동인들은 그를

---

13) Johann Christian Gottlieb Franz Otto Spamer(1820~1886). 독일의 출판업자.
14) 이와야 사자나미가 애독한 책으로, 오토가 자신의 이름으로 출판한 대표작 12권을 말한다.

'어린이 작가', '문단의 소년가'라는 별명으로 불렸다. 『고가네마루』를 손대기 전부터 그의 자질은 어린이 세계로 열려 있었다.

신진 출판사인 하쿠분칸이 처음으로 '소년문학총서'를 내면서 이와야 사자나미에게 먼저 집필을 의뢰한 것도 이런 평판이 있었기 때문이었다. 평판은 틀리지 않았고 이와야 사자나미라는 딱 맞는 인재를 만나 기획은 크게 성공하였다.

『고가네마루』의 인기

『고가네마루』는 문단에서는 무시되어 거의 평가받지 못하였다. 하지만 처음으로 '소년문학'이 출현하자 당시의 중앙·지방 신문은 물론 『국민의 벗[国民之友]』·『일본평론(日本評論)』 같은 유력한 잡지들까지 모두 기사로 다루고 찬사를 보내며 호평하였다. 예를 들어 『일본평론』은 다음과 같이 썼다.

> 서양인들은 일본을 가리켜 동자(童子)의 낙원이라고 한다. 하지만 문학으로 말하면, 이 낙원에는 나이 어린 사람들이[年小き人々] 볼 만한 꽃이나 열매가 거의 없어 아쉬웠다. 옛날에는 딱딱산, 모모타로 같은 옛이야기가 있었지만, 지금은 이미 오래되어 읽히지 않는다. 메이지 태평성대의 시기, 신문학이 융성한 때에 순수하게 소아유동(小児幼童)을 위한 저술은 볼 수 없다. 이제 사자나미산징이 한발 앞서 『고가네마루』를 저술하였다. 나이 어린 사람들[年小き人々]을 위해 이 일을 기뻐한다. 한번 읽으면 우리도 어린 시절로 돌아가는 듯한 기분이 든다.

또 『요미우리신문』에서는

> 글의 바다에 먼저 우뚝 선 사자나미산징, 최초로 '소년문학'이라는 한

줄기 바람을 불러일으키다. 가까운 시일에 이 작은 물결은 어른도 움직이게 하는 거대한 물결이 될 것이다. 일억만 명의 어린 사람[幼童]들은 크게 탄복한다. (…중략…) 이 『고가네마루』는 재미있으며, 이해하기 쉽고 무해하다. 지금 세간에 나도는 미야모토 무사시[宮本武蔵], 가토 키요마사[加藤清正], 이와미 쥬타로[岩見重太郎] 같은 이야기들은 볼 만한 가치가 없으며, 아카홍[赤本]15)만이 유행한다. 그런 이야기들과 비교하는 것은 부당하지만, 『고가네마루』 한번 호령하니 모든 집에서 그 열매를 배우고, 이 책자가 출판되니 최상의 문학 취미가 저절로 아동(児童)의 심신에 스며든다.

며 칭찬하였다(기무라 쇼슈[木村小舟], 『소년문학사 메이지 편[少年文学史明治篇]』 개정증보판 상권).

『일본평론』의 평론가는 M. U.의 사인으로 봐서 크리스찬인 우에무라 마사히사[植村正久]인 듯한데, 그 때문인지 글 끝에 긴보우대왕에게 첩이 있는 것은 문제라고 한 마디 덧붙였다. 또 『고가네마루』도 그의 다른 소설처럼 언문일치체로 해야 했다고 비평도 곁들여 놓았지만, 어쨌든 대중적으로 인기가 높아 압도적으로 팔렸다.

이와야 사자나미의 친구였던 해군 중장 오가사와라 나가나리[小笠原長生] 자작의 말에 따르면, 『고가네마루』는 기차역에서도 팔린 듯한데, 그는 정거장에서 산 책을 시미즈 항구의 여관에서 여관주인인 시미즈 지로쵸[清水次郎長]에게 읽어주었다고 한다. 만약 가능하다면 시미즈 지로쵸의 감상도 듣고 싶다.

---

15) 에도시대에 간행된 빨간 표지의 어린이용 그림책으로 주로 「모모타로」 같은 이야기를 다루었다.

『고가네마루』의 애독자들

『고가네마루』는 어린이들에게 폭발적인 인기를 얻었다. 어린 시절에 이 책을 만난 극작가이며 연출가인 오사나이 가오루[小山内薰]는 당시를 이렇게 회상하였다.

> 나는 열 살 때 큰 병에 걸려 오랫동안 병상에 있었습니다. 그때부터 책을 열심히 읽었습니다. 내가 처음으로 『고가네마루』를 손에 든 것은 이때였습니다. 무엇보다 나는 책의 아름다움에 마음을 빼앗겨 버렸습니다. 활자가 큰 것도 마음에 들었습니다. 책의 겉표지가 너덜너덜해질 정도로 몇 번이나 읽었습니다. 밤에도 안고 잤습니다.
> ― 오사나이 가오루, 「밤에도 안고[夜も抱いて]」; 이와야 사자나미, 『30년만에 고쳐 쓴 고가네마루[三十年目書き直しこがねまる]』

오사나이 가오루는 1881년(메이지 14)에 태어났으므로, 그가 읽은 『고가네마루』는 발행된 지 얼마 안 된 책이었다. 이 당시 어린이들의 감동이 그대로 전해오는 듯하다. 오사나이 가오루보다 나이가 더 어린 쿠수야마 마사오[楠山正雄]도 이 총서의 애독자였는데, 그는 1884년(메이지 17)에 태어났으며 나중에 아동문학가이자 연극평론가가 되었다.

> 『고가네마루』는 내가 처음으로 읽은 어린이 책이었습니다. 아홉 살 때 겨울인가 열 살 때 봄인가 어머니 몰래 『팔견전(八犬伝)』이나 슌요도[春陽堂]의 탐정소설 같은 책들을 숨어가며 읽던 때였습니다. 어머니가 처음으로 망설임 없이 사 주셔서 읽은 책이었고, 목판인지 석판인지 잘 기억나지 않지만 아름다운 삽화, 야마토 철자, 귀여운 일본종이 장정이 언제나 잊을 수 없는 향수를 불러일으킵니다. 게다가 또 오자키 코요 작품인 『두 사람의 무쿠스케』, 에미 스이인의 『이마벤케이』, 가와카미 비잔의 『보물

산』, 고도 토쿠치의 『큰부자 미치노쿠』 같은 소년문학의 책들은 내 마음
을 키워주었습니다.

―쿠스야마 마사오, 「문구까지 암송[文句まで 暗誦]」;
이와야 사자나미, 『30년만에 고쳐 쓴 고가네마루』

소년문학총서 32편

'소년문학총서'는 이와야 사자나미에 이어 오자기 코요, 에미
스이인, 야마다 비묘, 가와카미 비잔 같은 겐유사 동인 외에 많
은 작가가 집필진으로 참가해 1894년(메이지 27) 12월까지 32편에
걸쳐 간행되었다.

전편의 내용은 다음과 같다.

제1편 이와야 사자나미[巖谷小波], 『고가네마루[こがね丸]』
제2편 오자키 코요[尾崎紅葉], 『두 사람의 무쿠스케[二人の椋助]』
제3편 에미 스이인[江見水蔭], 『이마벤케이[今弁慶]』
제4편 기타무라 시잔[北村紫山], 『유신삼걸(維新三傑)』
제5편 야마다 비묘[山田美妙], 『비오는 날의 생활[雨の日ぐらし]』
제6편 가와카미 비잔[川上眉山], 『보물산[宝の山]』
제7편 코다 로한[幸田露伴], 『니노미야손토쿠 옹[二宮尊徳翁]』
제8편 사가노야 오무로[嵯峨の屋おむろ], 『누나와 동생[姉と弟]』
제9편 이와야 사자나미[巖谷小派], 『당세소년기질[当世少年気質]』
제10편 미야자키 삼마이[宮崎三昧], 『부모님 은혜[親の恩]』
제11편 무라이 겐사이[村井弦斎], 『큰부자 기노쿠니야분자에몽[紀文大尽]』
제12편 하라 호이츠안[原抱一菴], 『오이시 요시오[大石良雄]』
제13편 이와야 사자나미[巖谷小派], 『여름방학[暑中休暇]』
제14편 무라이 겐사이[村井弦斎], 『오우미 성인 나가에 도쥬[近江聖人]』
제15편 다카하시 타이카[高橋太華], 『가와무라 즈이켄[河村瑞軒]』
제16편 미나미 신지[南新二], 『갑자일을 기다리다[甲子待]』

이 일람을 보면 알 수 있듯이 『유신삼걸』, 『니노미야손토쿠옹』, 『오우미 성인 나가에 도쥬』, 『도요토미 히데요시』처럼 위인전이나 위인의 일화, 영웅전기가 반을 차지하며, 창작물이나 서양 아동문학 번역물도 들어 있다. 오자키 코요는 번역소설 두 권 『두 사람의 무쿠스케』(제2편)와 『협흑아』(제19편)를 실었다. 야마다 비묘는 『비오는 날의 생활』(제5편)에 단편과 운문을 번갈아 4편씩 수록하고, "어린이[子供]가 잘 읽을 수 있도록 일관된 각색을 하지 않고, 일부러 작은 이야기 여러 개를 구색 맞추어 만들었습니다. 새라든가 나비라든가 가능한 한 생활 주변에 있는 것을 소재로 썼고, 일부러 나비와 새를 여러 번 사용했습니다. 다시 말하면 같은 일을 되풀이했습니다"라고 하였는데 야마다 비묘다운 새로운 발상을 엿볼 수 있다. 이와야 사자나미도『당세소년기질』(제9편)과 『여름방학』(제13편)에서는 『고가네마루』와 완전히 다르게 메이지 소년들의 우정이나 학교생활을 그린 언문일치체 소년소설을 시도하였다.

총서는 인기를 얻었고 전편이 완결된 뒤에도 해마다 몇 번이나 거듭해서 판을 찍었다. 목판이 닳아서 목판을 다시 파기도 하고 착색판 도수를 줄이기도 하여 겨우 수요를 맞추었다고 한다. 특히 호평을 받은 『고가네마루』나 『오우미 성인 나가에 도쥬』는 4만~5만 부 정도 팔렸다고 하는데, 당시로서는 상당한 부수였다.

아동 저널리즘의 형성

'소년문학총서'가 성공한 사회적 배경에는 두 가지 커다란 요소가 있었다. 첫 번째 요소는 아동용 저널리즘이 생겨난 지 얼마 안 되는 시기에 때맞추어 출판되었다는 점이다.

일본 출판문화는 메이지 10년대(1877~1887) 후반 이후 종이 생산의 증대와 활자판 인쇄 기술의 진보로 급속히 확대되었다. 메이지 20년대(1887~1897)에는 정부가 추진해 온 근대화정책이 궤도에 올라 산업도 발전하였고, 그 와중에 잡지시대가 화려하게 도래하였다. 예를 들면 『여학잡지(女学雑誌)』(1885), 『국민의 벗[国民之友]』(1887), 『중앙공론(中央公論)』의 전신인 『반성회잡지(反省会雑誌)』(1887), 『일본인(日本人)』(1888), 『시라가미 초지[しらがみ草紙]』,

『국화(国華)』, 『풍속화보(風俗画報)』(1889), 『와세다문학[わせだ文学]』(1891) 같이 영향력을 가진 잡지가 계속 창간되었다. 그중에서도 민유샤[民友社]의 『국민의 벗』과 세이쿄샤[政教社]의 『일본인』은 이 시기를 대표하는 2대 잡지였다. 『국민의 벗』은 평민주의를 주창하는 도쿠토미 소호[德富蘇峰]가 미국 잡지 『네이션』을 흉내 내어 창간한 일본 최초의 종합잡지였다. 『일본인』에는 국수주의 관점을 가진 미야케 세츠레이[三宅雪嶺], 시가 시게타카[志賀重昂]가 있었다. 두 잡지의 관점은 서로 달랐지만, 모두 정부의 서구주의에 반대하는 논리를 전개하였다. 게다가 『국민일보』의 문예 부록에 실린 소설은 화제를 불러일으켜 문단의 등용문으로 불릴 정도였다. 또 1889년(메이지 22)에 도카이도 선(線)(신바시-고베), 1891년에는 우에노-아오모리가 개통하여 철도망이 넓어지자, 잡지문화가 더욱더 활발하게 지방까지 침투되었다.

이러한 잡지 저널리즘의 융성은 단순히 어른의 세계에만 그친 것은 아니었다. 1888년(메이지 21), 『소년원(少年園)』을 비롯하여, 『소국민(小国民)』(1889)과 『소년문무(少年文武)』(1890) 같은 어린이 잡지도 연이어 발간되어 활기를 띠었다. 단, 이들 잡지는 소년의 계몽·교육을 목적으로 하여 교육 관계자들이 간행하여 상업주의 색채는 거의 없었다. 이 시기는 또한 일본제국법이 반포되어(1889) '교육에 관한 칙어'16)가 공포되는(1890) 메이지 헌법체제의 성립기였다. 출판계와 함께 교육계의 기운도 크게 번성하였다.

---

16) 유교주의를 바탕으로 한 덕목을 교육의 근본 방침으로 정하였다. 사상적으로 천황제가 확립되었음을 의미한다.

이런 현상은 아동잡지를 보는 사람은 일부 계층에 지나지 않지만, 아동 저널리즘을 지탱하기에 충분한 구매층이 형성되었다는 것을 의미한다. 이렇게 경제적 기반이 성립한 시기에 하쿠분칸에서 소년문학총서가 창간되었다. 취지에는 "소년은 인생의 꽃이며, 나중에 열매를 맺으면 일본의 기초가 될 것이다. 이를 육성하는 데 소홀해서는 안 된다. 하지만 근엄한 교사, 면밀한 훈령만에만 의존하면 엄상열일(嚴霜烈日)[17]하여, 더러는 꽃을 시들게 하고 향기를 엷어지게 할 우려가 있으니, 오히려 온풍미우(溫風微雨)[18]로 풍성하게 배양해야 한다"고 쓰여 있다. 어린이를 즐겁게 하는 '유쾌하지만 또한 교훈도 되는 이야기'를 내세우고, 어린이 책을 상업적으로 출판하기 시작하였다.

메이지의 새로운 가정

두 번째 요소는 이러한 어린이 독자를 생겨나게 한 새로운 가정과 학교 환경이 형성되었다는 점이다. 마에다 아이[前田愛]에 따르면, 메이지 10년대(1877~1887) 중반까지 가정에서 문자교육 또는 문학교육은 아버지가 한문서적을 가지고 가르치는 소독(素読)[19]과 어머니가 쿠사조시를 가지고 가르치는 그림풀이, 즉 '아버지는 소독형'과 '어머니는 그림풀이형' 이렇게 두 개의 형태로 이루어졌다. 그러나 소학교 교육이 확립되어 한학당이 쇠퇴함에 따라 한문서적을 소리내어 읽히면서 가르치던 유교

---

17) 혹독한 서리와 격렬하게 내리쬐는 태양.
18) 따사로운 바람과 보슬비.
19) 뜻을 새기지 않고 글자만 소리내어 읽는 것.

‘질서’와 쿠사조시로 펼쳐지던 ‘몽상’이라는 두 형태의 공존은 차츰 무너졌다(『근대독서의 성립[近代読書の成立]』). 이 붕괴를 가속화시킨 것이 교육제도의 변화와 가정의 변화였다.

메이지의 새로운 시기를 맞이하여 가정에 대한 사고방식도 변하였다. 예를 들어 가정사회학자인 무다 카즈에[牟田和恵]는 수신교과서를 살펴보면, 메이지 10년대(1877~1887)부터 메이지 20년대(1887~1897)까지 이러한 변화가 확실히 나타난다고 하였다. 메이지 10년대까지 효도를 주제로 하는 설화에서는 부모가 부덕하여 무리한 요구를 해도 자식은 철저히 복종하는 ‘부모를 향한 일방적인 절대 봉사’가 대부분이었다. 부자 관계도 마찬가지로 봉건적·유교적 상하 관계였다. 그러나 1887년 전후부터 효도의 내용이 변화하여, 일방적으로 희생하는 헌신보다 부모를 공경하는 마음이 중요하게 평가되었다. 효도도 봉사로서가 아니라 ‘부모와 자식 간의 대등한 애정과 가족의 행복에 관한 것’으로 묘사되었다. 유교 규범에 따르는 것이 아니라 애정으로 연결된 부모와 자식, 단란한 가정을 바람직한 것으로 생각하게 되었다(『전략으로서 가족－근대 일본의 국민 국가 형성과 여성[戦略としての家族－近代日本の国民国家形成と女性]』).

부모에게 따로따로 받았던 차원이 다른 두 개의 읽을거리, 한문서적과 쿠사조시 대신 메이지 국가의 가족의식에 걸맞는 어린이들의 새로운 읽을거리로 ‘소년문학’이 받아들여졌다. 쿠스야마 마사오가 ‘처음으로 망설임 없이 사주신 책’이 『고가네마루』였던 것은 이러한 사정과 무관하지 않다.

소년문학의 의미

앞에서 살펴보았듯이 '소년문학'이란 말은 이와야 사자나미가 소년용 문학이라는 의미로 임시로 이름 붙인 것이다. 그러므로 오늘날 우리가 생각하는 '아동문학'과 같은 것으로 간주할 수는 없다. 당시 '문학'이라는 말도, 현재 우리가 사용하는 문학과 같은 의미가 아니며 '소년관'도 현재의 '어린이관'과 성격이 다르다.

이것은 이와야 사자나미가 『고가네마루』에 세속적인 사랑을 집어넣은 것에 대해서 일부 지식인들은 비판했지만, 일반 사람들은 전혀 문제삼지 않았던 사실로도 알 수 있다. 미나미 신지의 『갑자일을 기다리다』(제16편)의 부록 「경신일을 기다리다[庚申待]」에는 창녀에 대한 짧은 이야기가 나오고, 나카무라 가로의 『다섯 소년』(제26편)의 「오모카게소가[俤曾我]」는 어머니와 공모해서 아버지를 죽인 어머니의 간통 상대에게 형제가 복수를 하는 이야기이다. 오늘날의 관점에서 본다면 성에 관한 이야기는 어린이에게 들려줄 만한 것이 못되며, 설령 이야기한다고 해도 충분한 배려가 필요하다고 일반적으로 생각한다. 하지만 소년문학총서에는 '아동문학'에서 볼 수 있는 이러한 배려는 거의 없다.

오자키 코요의 『두 사람의 무쿠스케』는 안데르센이 쓴 『큰 클라우스와 작은 클라우스(Lille Claus og Store Claus)』를 번안한 작품이다. 마을에 사는 두 사람의 무쿠스케 중 가난한 작은 무쿠스케는 책략을 써서 부자가 된다. 한편 부유했던 큰 무쿠스케는 작은 무쿠스케의 책략에 빠져 재산을 잃어버리고 어머니까지 죽이는 지경에 이르고 나중에는 자신도 죽는다. 꽤 참혹한 이야기이다. 원작 자체도 시정이 풍부한 안데르센 동화의 이미지와 달리 민담적 색채를 강하게 띤다. 오자키 코요는 "선인이라도 우둔하면 망하고, 악인이라도 지혜가 있으면 영화롭게 되는 것이 세상의 이치이다. 자신도 그렇게 여긴다면 배울 점이 있다"며, 원작에는 없는 말로 이야기를 끝맺는다. 굳이 이런 작품을 '소년문학총서'에 실은 것이나 결말에 쓰인 말을 미루어 보건대, 오자키 코요도 이해 관계를 중요하게 여기는 세상사에서 어린이들을 떼어놓으려고 전혀 생각하지 않았던 것을 알 수 있다.

'소년문학총서'에 나오는 대부분의 작품은 앞에서도 언급했듯이 니노미야 손토쿠, 도요토미 히데요시 같은 일본 역사의 위인전이나 영웅전이다. 메이지유신 후 20년이 지나 국수주의 풍조가 만연한 가운데, 옛 시대를 뒤돌아보는 시기에 드러난 현상일 것이다. 이들 위인전과 영웅전은 주인공이 목적을 이루기 위해 얼마나 고생하고 노력했는가 하는 점에 역점을 두고, 바람직한 삶의 방식을 제시하여 어린이들을 어른의 세계로 이끌도록 의도하였다. 결국 일본 최초의 소년문학은 '소년용'으로 독자를 특정화하여 '아동문학'으로 첫 걸음을 내디뎠지만, 어른과 다른 특별한 존재로서 '어린이'를 취급하는 관점이나 감성과 거의 관계가 없었다.

『여학잡지』와 와카마츠시즈코

겐유샤의 동인이었던 이와야 사자나미는 『고가네마루』가 성

공하자 어린이 책의 세계를 개척해 나갔
으며, 하쿠분칸을 거점으로 메이지기의
아동문화를 만들어냈다. 이와야 사자나
미-하쿠분칸이 만들어낸 커다란 흐름이
시작되기 전에, 성격이 전혀 다른 아동
문학의 흐름이 있어 여기에서 간단히 언
급하려 한다. 그것은 이와모토 요시하루
[巖本善治]가 주재한 『여학잡지(女学雑誌)』
를 중심으로 한 아동문학이었다.

와카마츠시즈코

　『여학잡지』는 오늘날에는 기타무라 토코쿠[北村透谷]와 시마
자키 토손[島崎藤村]이 만든 『문학계』의 전신으로 알려져 있다.
하지만 원래는 가정 부인을 독자 대상으로 1885년(메이지 18)에
창간된 기독교 계몽잡지였다. 이 잡지에 '엄마가 아이들에게 들
려주는 이야기'라는 제목으로 1888년 2월(96호)에 '어린이[子供]
이야기'란이 처음으로 등장한다.

　제1회는 「외눈박이 하녀[一目の婢]」라고 제목 붙인 900자 정도
의 짧은 이야기이다. 집안일을 싫어하는 게으름뱅이 며느리가
외눈 하녀의 부지런함을 보고 뉘우쳐 성실하게 일하게 된다는
이야기인데, 외눈 하녀는 사실은 바늘이었다는 교훈담이다. 단
지 줄거리만을 쓴 딱딱한 이야기로 아무런 재미도 느낄 수 없
다. 하지만 "어린이들은 기질이 아직 정해져 있지 않다. 비유하
자면 하얀 실에 여러 가지로 물들이는 것과 같다. 이것을 선하
게도 악하게도 하는 것은 오로지 교육에 있다."(이와모토 요시하루,
「여자와 예수교 3[女子と耶蘇教 其三]」, 『여학잡지』 39호) 이런 관점에

서 보면 우선 어머니에게 교훈담을 보여주고, 여기에 어머니가 여러 가지를 덧붙여 어린이에게 재미있게 들려주도록 기획된 것을 알 수 있다.

이 난은 이윽고 '어린이 란[小供欄]', '아람[児藍]'으로 이름을 바꾸어서 계속되었고, 와카마츠 시즈코[若松賎子]가 번역한 버네트(Burnett)의 『소공자』가 게재되었다(227~229호). 이 명번역은 모리타 시켄[森田思軒]이 극구 칭찬할 정도로 완성도 높은 것이었다. 내용은 풍부해졌다곤 하지만, 이 난은 기본적으로 교훈적 성격을 지니고 있었다. 원래 취지 그대로, 어린이들이 지켜야 하는 도덕의 모범을 보여주는 의미에서는 '소년문학'의 위인전과 크게 다르지 않았다. 단지 밑바닥에는 어린이들을 특별한 존재로 보는 기독교 관점이 있어 낭만주의 어린이관의 맹아라고 할 만한 것이 보이는데, 그런 의미로는 '소년문학'과 시각이 달랐다.

이와모토 요시하루의 아내이며 경건한 기독교인이었던 와카마츠 시즈코는 다음과 같이 말한다.

> 우리들이 탁한 세상의 연꽃, 가정의 천사라고 여기는 어린 사람[幼子]들의 천직은 가볍지 않습니다. 그런데도 세상의 어지러운 바람은 어린 사람들을 삐뚤어지게 만들고, 분별없는 사람들은 안타깝게도 어린 나무를 짓밟아 결국 꽃은 더러워지고 천사는 타락하기에 이르니, 이런 지경을 모든 사람이 한탄합니다. 사악한 길로 빠지려하는 아버지의 발을 멈추게 하고, 점점 비굴해지는 어머니의 마음에 고결한 덕을 불러일으킬 수 있는 이는 신성한 미션을 감당할 귀여운 어린 사람[幼子]들뿐이며, 이를 대신해서 소임을 완수할 이는 아무도 없습니다.
>
> —『소공자 전편(小公子 前編)』 자서(自序)

하지만 와카마츠 시즈코는 "소설의 가치는 어린이[子供]가 가지고 노는 장난감과 같습니다. 장난감은 어린이[子供] 교육과 커다란 관계가 있어 어떻게 만들고 어떻게 이용하느냐에 따라 책과 교사가 따르지 못한 효과가 있습니다. 소설도 역시 교정·교육 작업과 같은 역할을 하고 있으며, 간접적으로는 학교와 훈계와 설교가 닿지 않는 곳에 소설의 감화력이 작용합니다. 될 수 있는 한 소설을 이용하여 사회의 진보를 보조해야 합니다"라고 썼다(「규수소설가 답신[閨秀小説家答]」, 『여학잡지』 207호). 문학을 어디까지나 기독교 도덕교육의 계몽 수단으로 보는 생각은 와카마츠 시즈코와 이와모토 요시하루 두 사람 모두 같았다. 결국 이런 생각은 『여학잡지』의 문학적 역량을 좁히는 결과를 낳았다.

『여학잡지』의 아동문학은, 이와야 사자나미와 하쿠분칸 같은 영향력을 발휘하지 못하고, 결국 작은 흐름을 이룬 채 중단되었다. 이 잡지가 단지 아동문학의 역사에서만 중요한 의의를 지니게 된 이유는 어린이를 직접 독자 대상으로서 삼지 않은 점, 기독교 계몽잡지로서 일반 사람들에게는 보급되지 않은 점, 더욱이 '아람'이 1896년(메이지 29) 와카마츠 시즈코의 죽음 이후 거의 쓰여지지 않았던 점을 들 수 있다. 1895년(메이지 28)에 하쿠분칸에서 『소년세계』가 창간되자, 이와모토 요시하루와 와카마츠 시즈코 두 사람 모두 『소년세계』에 원고를 실은 점을 보아, 『여학잡지』와 『소년세계』 사이에 교류가 있었던 것을 알 수 있다.

2. 오토기바나시의 세계

하쿠분칸의 발전

1891년(메이지 24), 하쿠분칸은 소년문학총서 발간과 함께 『유년잡지』를 창간하고, 이와야 사자나미는 오토의 『메르헨』을 번안한 「유라타로 무용담[由良太郎武勇談]」을 기고하였다. 이것이 호평을 받아 1893년(메이지 26)에는 '오토기바나시[お伽話]'란이 만들어졌으며 이와야 사자나미는 매호마다 오토키바나시를 집필하였다. '오토기바나시'가 아동문학을 가리키는 용어로 사용된 것은 이때부터이다. 다음해 1894년(메이지 27), 하쿠분칸은 '일본 옛날이야기[日本昔噺]' 시리즈 제1편 『모모타로[桃太郎]』를 발간하였는데, 이것도 이와야 사자나미가 편집하고 집필하였다. 처음에는 12권 예정이었는데, 호평을 받아 총서 24권을 만들었다.

더욱이 1895년(메이지 28), 하쿠분칸은 당시 13종류나 발행하던 잡지를 정리·통합하여 세 권으로 묶어 새로 발간하였다. 일반 종합잡지 『태양(太陽)』, 문예지 『문예클럽[文芸倶楽部]』, 그리고 어린이 잡지 『소년세계(少年世界)』였다. 『태양』은 다카야마 쵸규[高山樗牛]와 하세가와 텐케이[長谷川天渓]가 편집을 맡은 권위 있는 잡지로 메이지에서 다이쇼 초기까지 언론계에 군림하였고, 문예평론과 문학 영역에서도 많은 걸작을 배출하였다. 이 『태양』의 '소년'판이라고 할 수 있는 잡지가 『소년세계』이며, 주필은 이와야 사자나미가 맡았다.

『고가네마루』가 성공하자, 자신이 소년문학을 쓰는 것은 그
냥 좋아서라던 이와야 사자나미의 천성적 자질과 시대의 요청
이 잘 맞아떨어져서, 그의 걸음걸이는 그대로 아동문학의 역사
가 되었다. 『소년세계』는 이와야 사자나미의 창작 오토기바나시
를 첫머리에 장식하고 문장·삽화도 대가의 그림을 사용하였다.
이 잡지는 상업적으로도 위력을 떨쳐 다른 소년잡지를 압도하
였다. 『소년세계』와 이와야 사자나미, 하쿠분칸이 기획하고 집
필한 '오토기바나시' 총서는 메이지 아동문학의 방향을 결정지
으며 앞으로 나아갔다.

『소년세계』 창간호

『소년세계』 제1권 제1호는 청일
전쟁이 한창이던 1895년(메이지 28)
1월 1일에 발간되었다. 1894년(메
이지 27) 8월에 시작된 전쟁이 끝나
고 시모노세키조약이 체결된 것은
3개월 보름 뒤였다. 창간호의 지
면에는 전쟁 시기의 고양된 분위
기가 많이 떠돈다.

『소년세계』는 국판으로 120면이
고 가격은 5전이었으며 월 2회 발
행하였다. 표지는 부채 모양으로
그린 후지산 그림과 '소년세계'라

『소년세계』 창간호 표지

고 쓴 제목이 있고, 그 밑에 권두화와 대부록의 목차, 그리고 지구의, 쌍안경, 총, 지도, 만돌린 같은 악기, 악보, 벚꽃들이 배치되어 있다. 그리고 권두화는 흑백사진의 '황태자전하초상(皇太子殿下御肖像)'과 광고지 다색판화인 '진구황후[20] 삼한 정벌 그림[神功皇后三韓政伐之図]'(다케우치 케이슈 그림)이다. 첫 페이지에는 일장기와 군함기 아래에

황후궁폐하만세 해군만세
천황폐하만세 황태자전하만세 제국만세
황태후폐하만세 육군만세

라고 쓰여 있고, 사사키 노부츠나[佐佐木信綱]의 '기해년 축하[寄海祝]', 그리고 '메이지 28년(1895)을 맞이하여'라는 제목으로 이와야 사자나미 '논설'이 이어진다.

세세년년 꽃은 서로 같다고 하지만 세세년년 사람은 같지 않다. 우리들은 소년 제군(少年諸君)과 함께 신년 1895년(메이지 28)을 맞이하여, 소년 세계 지면에 제군과 서로 만나는 영광을 기뻐한다. 하지만 올해의 우리들은 작년의 우리들이 아니며 오늘 제군은 어제의 제군이 아님을 깊이 느껴야 한다.

이렇게 창간과 신년의 포부를 1895년(메이지 28)의 시국에 맞춰 말하면서, 이어서 다음과 같이 서술하였다.

---

20) 츄아이[仲哀]천황의 황후. 일본측 기록에 따르면, 삼한출병이야기의 중심인물로서 츄아이천황이 급사한 후, 임신 중이면서도 다케우치 스쿠네와 함께 조선반도에 출전해 신라를 토벌하고, 백제와 고구려를 귀속시켰다고 한다.

청을 정벌한 대승리의 명예는 마상의 무사가 얻었다. 그러나 오늘 이후의 명예는 어찌 마상에서 보존할 수 있을 것인가? 문학에도 의지해야 하고, 미술에도 의지해야 하며, 주판에도 의지해야 하고, 호미와 가래에도 의지해야 한다. 그렇지만 이 임무를 담당하는 것은 다름이 아닌 오늘날의 소년 제군이다. 그렇다. 제군의 책임, 결코 가볍지 않다.

'청을 정벌한 대승리의 명예'를 '보존유지'하는데, 우선 '문학'과 '예술'을 드는 것으로 보아 이와야 사자나미는 탁월한 안목의 소유자였던 것을 알 수 있다.

이 무렵 교육계에서는 소설을 결코 바람직한 것으로 보지 않았다. 허구를 가르치는 것은 교육에 좋지 않다는 생각에서 소설이 풍기를 어지럽힌다는 '소설망국론'조차 논의되었다. 이 같은 풍조는 메이지 30년대(1897~1907)까지 이어졌다. 예를 들면 이린이용 저널리즘의 효시가 된 『소년원』도, 교육자가 주재한 계몽 잡지로 내용이 딱딱하였으며 권두 논문과 시평, 보도기사, 투고란에 중점을 두었다.

이에 비해 『소년세계』는 "참신 기발한 취향으로 독자로 하여금 즐기면서 좋은 덕을 쌓게 하고 유쾌함 속에 밝은 지혜를 얻게 한다"는 편집 방침을 내세우며, 당대 작가가 쓴 읽을거리를 간판으로 내세웠다.

제1호 소설에는 이와야 사자나미의 「일장기[日の丸]」, 와타나베 오토와 「인생을 되돌아 보다[諷誡 人の一生]」, 에미 스이인의 「바다에서 보는 신년 해맞이[海上初日の出]」 세 가지가 실렸다. 또 '춘기 대부록'으로 미야자키 삼마이의 「쇼케이카[小荊軻]」, 가와카미 비잔 「하룻밤천하[一夜天下]」, 와타나베 카테이[渡邊霞亭]

의 「천둥[雷神]」이 실렸다. 읽을거리가 다양하고 내용도 풍부하였다. 예를 들면 이와야 사자나미의 「일장기」는 일부러 얼음을 얼려서 국자를 괴롭히는 대야를 일장기가 태양의 빛을 빌려 혼내준다. 일장기가 "이래도 고집을 피울 테냐?" 하니, 대야가 "아이고 다신 안 그럴 게요" 하고 대답하는 짧은 우스개이야기이다. 와타나베 오토와의 「인생을 되돌아보다」는 일화로 쓰인 처세담이다. 에미 스이인의 「바다에서 보는 신년 해맞이」는 모험담으로 주인공과 친구 다섯 명이 그믐날 오가와에서 보트를 띄운다. 폭풍을 만나서 고생하지만 결국 무사히 도쿄 만에서 신년 해맞이를 한다는 이야기이다.

「쇼케이카」는 시대물, 「하룻밤천하」는 골계담이며, 「천둥」은 어린 시절의 사랑이야기로 어린이가 주인공이다. 더욱이 한문학·국문학계의 중진을 집필진으로 참가시킨 '역사전기'로서 요다 가쿠카이[依田学海]의 「에이부모규[英武蒙求]」, 오치아이 나오부미[落合直文]의 「삼한정벌(三韓征伐)」, 오와다 타케키[大和田建樹]의 「트라팔가의 해전[ツラフワルガーの海戦]」이 실렸다.

하위 장르의 형성

『소년세계』는 '주로 소·중학생 연령에 적합한 표준'으로 독자를 폭넓게 상정하였다. 그래서 같은 어린이용이라도 수준과 취향을 달리하는 여러 가지 기사를 함께 담으려는 방법이 고안되었다. 이에 따라 오토기바나시와 모험소설·입지소설·소녀소설이라는 구분, 즉 아동문학의 하위 장르가 생겨났다. 잡지가

계속 발간되면서 이들은 서서히 제도화되었다. '소년문학총서'
에서는 작가들의 개인적 생각에 지나지 않았던 아동문학의 틀
이 『소년세계』 잡지에서는 명확한 윤곽을 가지게 되었고, 장르
를 구성하는 요소와 플롯이 생겨났다.

모험소설로 말하면, 창간호에 실린 에미 스이인의 「바다에서
보는 신년 해맞이」는 제국주의가 배경이다. "일동해국(日東海国)
의 진정한 남아, 적이 없는 바다에서는 결코 죽지 않는다"며 해
상국 소년의 기개를 드러낸다. 그리고 「방광선(膀胱船)」(1권 19호~
21호)에서는 면밀한 계산을 바탕으로 소의 방광으로 배를 만든
다는 발명과 창조가 엿보인다. 이 모두가 일본 모험소설의 틀거
리로서 오시가와 슈로[押川春浪]가 쓴 『해저군함(海底軍艦)』까지
연결된다. 유명한 모리다 시겐이 번역한 줄 베른의 『15소년 뵤
류기』(2권 5호~19호)도 『소년세계』에 실렸으며, 나중에 에미 스이
인은 이 작품에 영향을 받아 표류기 「철왕도(鉄王島)」(9권 1호~10
호)를 쓰게 된다.

모험소설만이 아니라 메이지의 시대상을 반영한 입지소설도
소년소설의 중요한 하위 장르였다. 입신출세를 목표로 고학하는
소년들의 이야기는 『학문의 정진[学文のすすめ]』과 『서양입지론
[西国立志論]』에 영향을 받았으며, 이와야 사자나미가 『당세소년
기질[当世少年気質]』의 「사람은 겉모습보다 마음[人は外形より内
心]」을 쓴 이후 많은 작가들에 의해 왕성하게 집필되었다.

또 『소년세계』는 창간 9개월 후(1권 18호) 비교적 초기에 '소녀
(少女)란'을 만들어 다른 란과 다른 부드러운 분위기로 소녀 독
자의 수요에 응하였다. 최초의 '소녀란'에 당시 『여학잡지』에서

활약하던 와카마츠 시즈코가 「기모노가 열리는 나무[着物の生る木]」를 기고하였다. 하지만 2권 1호와 3호에 「추억[おもひで]」을 연재한 후 더 이상 글을 싣지 않았다. 기타다 우스라이[北田薄永]를 비롯한 '소녀란'의 작가들은 나중에 '소녀소설'의 선두주자가 되었다.

모험소설과 소녀소설은 메이지 말기에 성행하였다. 그러나『소년세계』이전에 탄생하고『소년세계』를 무대로 메이지 시기에 성행한 최대의 하위 장르는 '오토기바나시'였다. 이와야 사자나미는『소년세계』에 매호마다 창작 오토기바나시를 집필하면서 하쿠분칸에서 일본옛이야기[日本昔噺] 24권, 일본오토기바나시[日本お伽噺] 24권, 세계오토기바나시[世界お伽噺] 100권, 세계오토기문고[世界お伽文庫] 50권 등을 차례로 집필·간행하였다. 마치 가래떡을 뽑듯이 오토기를 썼다고 하는데 고개가 저절로 끄덕여진다.

각 시리즈의 목차를 보면, 일본옛이야기는『모모타로』,『원숭이·게 싸움』,『혀잘린 참새[舌切り雀]』같이 지금 보아도 '오토기바나시'로 되어 있다. 또한 일본오토기바나시에는『야타까마귀[やた烏]』,『초치검(草薙剣)』,『하치만다로[八幡太郎]』,『잇큐화상[一休和尚]』,『사이묘지[最明寺]』,『사쿠라이 역[桜井の駅]』처럼 일본 신화와 전설, 영웅·위인전, 역사의 일화를 모아놓았다. 또 세계오토기바나시와 세계오토기문고에는『천지창조[世界の始]』(성서, 그리스의 신화),『마법박사(魔法博士)』(파우스트전설),『허풍선생(法螺先生)』(허풍쟁이남작의 모험),『무인도대왕(無人島大王)』(로빈슨 크루소),『가짜용사[偽勇士]』(돈키호테)처럼 이와야 사자나미가 자주

방문했던 독일을 비롯하여 유럽·중국·아라비아 이렇게 세계 각지에서 전해지는 여러 가지 전설과 이야기가 채집되어 있다.

다음으로 창작오토기바나시가 있는데, 예를 들면 창간호에 실린 「일장기」와 만주에서 자라나는 생명력이 강한 모빌밤잣나무한테는 바람도 눈도 진눈깨비도 얼음도 항복한다는 「야마토정신[大和玉椎]」(1권 3호) 같은 작품들이다. 게사쿠 조로 쓴 청일전쟁의 시국용 오토기바나시, 소년이 작아져 잠자리의 물길 안내로 자신이 만든 성냥개비 배에 타고 모험을 하는 환상적인 「성냥개비 배를 타고 여행하다[附木船紀行]」(3권 12호~16호)와 초능력을 지닌 종이 개 여덟 마리와 소년 여덟 명이 활약하는 장편 「신팔견전(新八犬伝)」(4권 1호~24호), 또 「송별의 말[言葉の餞別]」(6권 12호) 같은 입지 오토기바나시에 이르기까지, 『소년세계』는 수많은 이와야 사자나미의 '오토기바나시'로 꾸며졌다. 그는 어린이용 읽을거리라면 뭐든지 오토기바나시로 만들어 버렸다.

이 작품들은 모험소설을 읽기에는 조금 어린 아이들, 소학생 정도를 독자 대상으로 삼은 것으로, 내용이 폭넓고 다양한 데도 모두 '오토기바나시'라고 한꺼번에 말할 수 있는 이와야 사자나미 특유의 색채를 띠고 있었다.

이와야 사자나미의 '오토기바나시'의 형식

작가인 우노 코지[宇野浩二]는 「일본 아동문학소사[日本児童文学小史]」에서 이와야 사자나미가 이룬 커다란 공적은 일본과 세계의 옛이야기와 동화를 완전히 '일본아동용'으로 다시 쓴 것이

라고 하였다. "일본아동용이란 일본 본래의 동화라는 의미이다. 일본 본래의 동화는 소박하고 간결하고 밝고 경쾌하며 재미가 있다"고 하였다(『아련한 추억[遠方の思出]』).

'소박하고 간결하고 밝고 경쾌하며 재미가 있다'는 것, 이것이야말로 이와야 사자나미 '오토기바나시'의 형식이었다. 이 형식은 모든 오토기바나시에 일관되게 나타난다. 예를 들면 일본 옛이야기의 『모모타로』에서는

> 그러자 신기하게도 복숭아 안에서 어린 아이가 귀여운 목소리로 "할아버지 잠깐 기다려!" 하고 말하는가 싶더니 복숭아가 양쪽으로 쫙 쪼개지면서 아기가 훌쩍 뛰어나왔습니다.
>
> 이 모습에 어찌 놀라지 않을까? 할아버지도 할머니도 하나밖에 없는 간이 졸아들어 앗 하고 쓰러졌습니다. 아기는 그것을 막으며 "아니 놀라지 마 놀라지마. 나는 결코 이상한 애가 아니야."

세계오토기바나시문고의 『가짜용사』에서는

> 이렇게 해서 마구가 갖추어졌습니다. 단 하나 갖추어지지 않은 것은 자신의 실력이었습니다만, 그런 일에는 조금도 마음을 쓰지 않았습니다. 자, 이제 다 되었다.
>
> "나야말로 라만챠의 주인, 돈키호테 용사다."
>
> 하고 득의양양하게 뽐내며 집을 나선 때는, 어느 여름날 이른 아침, 아직 사방에 안개가 끼어 있었습니다.

이런 식이다(『가짜용사』는 이와야 사자나미가 독일 유학중에 고안한 독특한 '오토기 가나[お伽仮名]'로 쓰여졌다).

물론 '일본 본래의 동화'가 과거에 존재했을 리가 없다. 오히

려 일본 옛이야기를 다시 쓰고 세계오토기바나시를 번안하면서, 이와야 사자나미가 스스로 창조한 것이었다. 하지만 이와야 사자나미가 쓴 '오토기바나시'는, '일본 본래'의 것으로 받아들여질 정도로 메이지 사람들의 감각에 맞았고 마음 깊이 정착하였다. 이렇게 이와야 사자나미의 '오토기바나시'가 많은 사람들에게 환영받은 것은, 그가 쓴 오토기바나시에 등장하는 인물이 모두 약속이나 한 듯이 유형화되어 있었기 때문이었다. 이와야 사자나미의 둘째 아들이며 아동문학연구자인 이와야 에이지[巖谷栄二]는, 이것을 "사자나미의 오토기 인물화"라고 하였다.

기소지방 농부의 아들 키노스케도 시정의 넝마장수 우에몽도, 학습원에 다니는 도련님노 극단직으로 말히면 토끼도 이리두 세상사에 대해 궁시렁대지 않고 깨끗하게 단념하는, 낙천적이고 기운찬 유형의 성격을 가지고 있다. 이런 것은 세계 오토기바나시의 경우도 마찬가지이다. 하우프(Wilhelm hauff)의 「매부리코 난쟁이」도, 지크프리트도, 원전에 비해서 이와야 사자나미 식의 인물로 채색되었다. 「마음 들뜬 호궁」의 프레드도 「수리부엉이 사나이」도 「왕자와 거지」도 이와야 사자나미식 인물의 성격을 띠고 빛을 발한다. "소박하고 간결하고 밝고 경쾌하며 재미가 있는"이라고 한 우노 코지의 묘사가 그 대로 이 성격에 딱 들어맞는다.
— 「메이지의 오토기바나시[明治のお伽噺]」,
『국어와 국문학[国語と国文学]』, 1953년 10월호.

오토기바나시 현상 모집

『소년세계』는 1907년(메이지 40) 6월, 하쿠분칸 창립 20주년을 기념하여 '오토기공진회[お伽共進会]'라는 제목으로 증간호를 발행하였다. 그리고 여기에 일반인이나 전문가를 가리지 않고 널

리 모집했던 '오토기바나시 현상(懸賞) 모집'의 입선작을 한꺼번에 실었다. 이와야 사자나미 '오토기바나시'를 읽고 자란 세대가 이제 붓을 들게 된 것이다.

총 341편이 응모하였으며, 이와야 사자나미 외에 우에다 가즈토시[上田万年], 하가 야이치[芳賀矢一]가 심사하였다. 1등 이다 겐세이[井田弦声]의 「선인 항아리[仙人壺]」와 2등, 3등, 가작을 합쳐서 총 10편이 뽑혔다. 1등 「선인 항아리」, 2등 「일곱 개의 사과[七つのりんご]」, 「마법의 아이[魔法の子]」는 모두 일본인이 주인공이고 배경도 일본이지만, 마법사와 임금이 등장하는 등 서양 메르헨 같은 줄거리이다. 이에 대해 하가 야이치는 다음과 같이 평하였다.

> 이번 오토기바나시 심사에서 나는 서양문학의 씨앗이 많이 보이는 것을 느꼈다. 아니 모든 이야기의 구조가 서양식이다. 이와야 사자나미 군의 세계오토기바나시가 모든 오토기바나시의 표준이 되어, 이와야 사자나미 군의 오토기바나시인지, 오토기바나시의 이와야 사자나미 군인지 알 수 없게 된 형국이다. 세상 사람이 모두 오토기바나시 하면 우선 이와야 사자나미 군의 세계오토기바나시를 바로 떠올리기 때문일 것이다. 이와야 사자나미 군은 일본오토기바나시도 차례로 출판하면서, 서양 오토기바나시도 들여와서는 될 수 있는 한 일본식으로 만들었는데, 참으로 대단한 공적이라 하겠다.

그는 모든 작품이 "독일식이고 이와야 사자나미식이어서, 실로 채점의 표준을 정하기 어렵다", "소재는 일본 것인데도 어쩐지 다른 나라 땅에 있는 듯한 느낌이 든다"며 불평하였다. 1867년(케이오 3)에 태어난 하가 야이치에게 '이와야 사자나미식'은 반

드시 일본 본래의 동화는 아니었을 것이다. 이와야 사자나미도 자신의 작품 중에 "일본 것을 담아내지 않고 그러니까 창작물은 참고하지 않고 오히려 수입품, 서양물만 본받은 것을 보니, 내 자신의 역량이 참으로 모자란다는 생각이 든다"고 감상을 썼다. 하기는 이와야 사자나미의 창작 오토기바나시는 천의무봉이라고 할 만한 것이어서 흉내내기는 꽤 어려웠을 것이다. 나중에 군가 「전우(戰友)」의 작사가로 알려진 마시모 히센[真下飛泉]도 메르헨 형식으로 쓴 「달나라 궁전[月のお宮]」으로 3등에 입선하였다.

그 뒤 『소년세계』는 현상과 부록을 내세운 『일본소년』(1906년 창간, 지츠교노 니혼샤[実業之日本社])에 자리를 내주고, 하쿠분칸 문화도 쇠퇴하기 시작하였다. 이 '오토기공진회'는 하쿠분칸 문화의 결실이면서 최후의 열매였다. 어쨌든 1907년(메이지 40) 무렵에는 오토기바나시・입지소설・모험소설・소녀소설이 어린이들의 읽을거리로 정착하였고, '오토기바나시의 현상 모집'이 성공을 거둘 정도로 일반인들 사이에 보급되었다.

3. 메이지 국가의 어린이

연재 「신팔견전」

'오토기바나시'를 중심으로 하는 하위 장르와 형식이 만들어지면서, '소년문학총서'에서는 흐릿했던 '어린이'의 이미지가 점차 뚜렷해지고 독자적인 상징 공간이 생겨났다. 메이지 시기에 쓰인 창작 오토기바나시의 전형이라고 할 수 있는 작품에 이와야 사자나미가 쓴 「신팔견전(新八犬伝)」(1898년 1월~11월)이 있다. 단편이 많은 그의 오토기바나시 중에서는 드물게 『소년세계』에 11개월에 걸쳐 연재된 장편이었으며, 『난소사토미 팔견전[南総里見八犬伝]』[21]과 『모모타로』를 바탕으로 한 작품이었다. 주인공은 총리대신 후작의 아들이고 개띠 해에 태어난 이누미야 하츠마로, 문지기 아들 이누가도 반페이, 사냥꾼 아들 이누에 쥬다로, 도둑이었던 이누세 하야키치 등 여덟 소년이 각각 자신이 가지고 있는 하리코 개[22]의 인연으로 한자리에 모인다. 그리고 '대일본 제국에 이익이 되는 훌륭한 공훈'을 세우기 위해 자원이 풍부한 이누고로 섬에 원정을 가서 하리코 개의 활약으로 미친 개를 물리치고 '다이이누고로국[大狗子国]'을 건설한다는 이야기이다.

이야기는 하리코 개 여덟 마리의 탄생부터 시작한다. 12년 전 박람회에 커다란 하리코 개가 출품되었는데, 사는 사람이 없어 산 속에 있는 절에 버려진다. 이윽고 이 커다란 하리코 개는 천지의 기운을 받아 임신한다. 그러나 진짜 동물이 아닌 슬픔에 달이 차도 낳는 방법을 몰라 괴로워하던 차에 행려승의 도움을

---

21) 1814~1842년. 무로마치시대의 난소사토미 가계의 흥망성쇠를 그렸다. 구슬을 가진 여덟 마리 개가 각지에서 모여 난소사토미의 부흥을 위해 전력을 다한다는 줄거리이다.
22) 종이를 여러 겹 풀칠해서 만든 개 모양의 장난감으로 머리 부분이 움직인다.

받아 새끼 여덟 마리를 낳는다.

이 오토기바나시는 당시 어린이들에게는 친숙한 장난감인 하리코 개를 교묘히 사용하였다. 하리코 개가 바다를 헤엄치거나 싸우는 공상적인 요소와 주인공 이름으로 알 수 있듯이, 어린이들이 좋아할 만한 장치가 가득하다. 시대 배경 또한 확실히 드러나는데, 이야기 발단이 되는 박람회는 '식산흥업(殖産興業)'의 문화장치로 많이 개최되어 당시 사람들에게 문명개화의 감명을 주었다.

1877년(메이지 10), 제1회 내국권업박람회(内国勧業博覧会)는 도쿄 우에노 공원에서 8월부터 11월까지 열려, 총 45만 명이 입장하고 전국의 물산, 약 8만 5천 점이 출품되었다. 이 박람회는 제3회까지는 도쿄 우에노에서, 1895년(메이지 28) 제4회는 교도에서, 1903년(메이지 36) 제5회는 오사카에서 개최되었는데, 오사카 덴노지의 박람회에서는 435만 명이 입장하는 기록을 세웠다.

자원이 풍부한 이누고로 섬에 원정 가는 줄거리를 보면, 제국주의의 기운이 청일전쟁의 승리, 삼국 간섭을 거치면서 더욱 거세어져 일반인들에게까지 뻗친 것을 읽어 낼 수 있다. '오토기바나시'의 세계는 메이지 국가의식이 도처에 반영된 새로운 상징 공간이었으며, '오토기의 인물'로 형상화된 등장인물들도 이런 국가의식을 담당하였다.

낙천적 국가주의

메이지 아동 저널리즘의 관점에서 보면 '어린이'는 『소년세계』

의 발간 취지에도 볼 수 있듯이, '후일 일본 제국을 담당하고 위대한 국민이 되어야 하는' 존재였다. 어린이를 둘러싼 모든 근대제도, 예를 들면 학교나 아동 저널리즘은 메이지의 강한 국가의식을 기초로 생겨났으며, 국가의 자원으로서 어린이를 육성하려고 하였다. 이러한 목표의식에 따라 대중매체와 학교교육은 메이지 정부의 첫 대일전쟁이었던 청일전쟁에 적극적인 의미를 부여하는 데 앞장섰다. 『소년세계』 제1호에서 13호까지 쓰여진 이와야 사자나미의 '오토기바나시'도 게사쿠 조(調)이면서 완전히 시국용이고, 삽화도 '황태자 전하 초상'·'진구황후 삼한 정벌 그림'(1권 1호), '고마츠와카미야 전하'·'청나라 정벌군 눈 속에서 야영하는 그림'(1권 2호), '일본 군단 영성 상륙 그림'(1권 3호), '용감한 바다 삼용사'(1권 7호)에서 보듯이 황실과 청일전쟁

청나라 정벌군 눈 속에서 야영하는 그림

을 테마로 한 그림이 대부분을 차지하였다. 나중에는 잡지 첫머리를 장식하던 이와야 사자나미 작품에서 전쟁 색채는 사라졌지만, 국가주의 방침이 잡지 전체에 일관되게 관철되어 있었다. '해사담(海事談)'·'육군담(陸軍談)'·'가정군사담(家庭軍事談)'에는 청일전쟁의 일화와 군대 이야기가 빠지지 않고 실렸다. '황후 황태자 양전하 함대를 돌아보시다'라든가 '전하의 근황' 같은 황실 관계의 기사도 마찬가지였다.

이와야 사자나미의 시국 오토기바나시는 어린이들보다 보호자인 어른들에게 호평을 받았다. 어린이들에게 잡지를 사주는 가정은 거의 엘리트층이고, 대중매체와 같은 관념을 가진 지식인층이었다. 문예평론가인 나카무라 미츠오[中村光夫]는 메이지 20년대(1887~1897) 초기부터 러일전쟁까지 십여 년산은 일본 지식인계급이 가장 안정되고, 살기 편한 시기였다고 말한다(『메이지문학사[明治文学史]』). 메이지 시기의 고학력자들에게는 그들에게 걸맞는 사회 지위가 부여되었고 실력을 발휘할 기회도 있었다. 대부분의 지식인들은 사회제도에 잘 적응하였으며, 인생에 대해서도 특별한 고민 없이 생활하였다. '건전하고 낙천적인 국가주의와 뒷받침된 출세주의'가 그들의 마음을 차지하였다. 나중에 다가오는 어두운 시기에서는, 오히려 비웃음거리가 될 서투른 익살이 시국 오토기바나시로서 환영받았던 것도 이러한 낙천성의 표현일지도 모른다. 국가의 융성과 개인의 입신출세는 완벽한 조화를 이루었고 긍정적으로 인식되었다. 또한 급격히 팽창한 국가주의로 인하여 국민 전체의 관심사가 되었다. 독자가 어린이인 경우에는 더 노골적으로 표현되었으며, 성공·영달

의 가치를 의심하지 않는 입지소년이야기가 어린이 읽을거리로
서 제도화하였다.

어린이는 어린이답게

하지만 한편으로 '오토기바나시'에는 어른사회의 가치에서 어
린이를 멀리하고 격리하려는 태도가 나타난다. 어린이는 어린이
이고 '어른의 규칙'에 속박되어서는 안 된다는 사고방식이었다.
이와야 사자나미는 수필 「어린이를 대신해서 어머니에게 바람」
(『마음의 거울[ふところ鏡]』, 1907)에서 '우리 어린이[我我子供]'라는
말을 쓰면서 스스로 어린이의 대변자로서 나서 어머니들에게 다
음과 같이 호소한다.

> 우리 어린이들은 늘 어린이 대접을 받고 싶다. 하지만 어른들은 우리를
> 어떤 때는 어린이로 대접하고 또 어떤 때는 어른으로 대접한다. 우리 어
> 린이에게 이런 일관되지 않은 대접은 매우 괴롭다.
> 우리 어린이들은 육체가 발달하지 않은 것처럼 정신도 아직 미숙하다.
> 하지만 많은 어머니들은 우리 어린이들에게 가끔 어른과 같은 것을 요구
> 한다. 잘못된 생각이 아닌가? 요컨대 세상의 모든 어머니들이 우리 어린
> 이들에게 얌전하게 행동하라고 하고 야단치면서, 이 '얌전하다'는 말이
> 어린이가 가져야 할 제일가는 미덕으로 생각한다.
> 하지만 이 '얌전하게[おとなしく]'는 '어른스럽게[おとならしく]'의 약
> 자이다. 단적으로 말하면 우리 어린이들에게 어른 같은 행동을 요구하는
> 것이다. 무리한 요구가 아닌가?

"어린이는 어린이답게"라는 이와야 사자나미의 주장은 더 일
찍 찾아 볼 수 있다. 다케시마 하고로모[武島羽衣]가 『소년문집

(少年文集)』과 『제국문학(帝国文学)』에 이와야 사자나미가 쓴 '오토기바나시'의 비평을 쓰면서 "모든 종류의 교훈사상을 총망라하고 특히 충군애국의 기상과 국가 관념을 고무시키라", "상상을 장대하게 하여 소년의 기운을 활달하게 하라"고 주문한 것에 대해 이와야 사자나미는 「메르헨에 대해서」(『태양』, 1898년 5월호)라는 제목으로 다음과 같이 답한다.

우선 첫 번째 주문에 대해서,

충군애국의 기상과 국가 관념을 고무시키라는 것은 지당한 말입니다. 그러나 하우프, 그림, 안데르센에게 물어 봐도 그것은 메르헨 본래의 의무가 아니며, 다른 좋은 문학에 이런 것이 있다고 생각합니다. 그렇지 않아도 교과서에서 충분히 고무시키고 있으므로, 메르헨이 교과서의 권한에 간섭할 필요는 없습니다. 오히려 다른 방면에서 그 천직을 다할 수 있다고 확신합니다.

또 두 번째의 주문에 대해서도 "물론 그 생각에는 동조합니다" 하고 찬성하면서,

그러나 일본 소년교육은 지나치게 세세하여 어린 나무를 교정하려고만 애씁니다. 삼림을 이룰 커다란 나무로 키우기보다 분재용 작은 나무 만들기에 급급한 것을 보면 정말 수긍하기 어렵습니다. 그러므로 소생은 될 수 있는 한 소년의 정신에 여유를 주고, 가슴을 활달하게 하는 수단으로 메르헨을 읽히려고 합니다. 한마디로 말하면 부형이 얌전하게 만드는 어린이[小供]를 소생은 장난꾸러기로 만들고 학교에서 영리하게 만든 소년(少年)을 한편으로는 바보로 만들려는 것입니다. 그냥 들으면 물과 기름처럼 서로 전혀 달라 이해되지 않을 듯하지만, 물은 어디에서 떨어지든

똑같은 계곡의 물이듯이 결국 같은 이야기입니다. 이렇게 양극단에 끌리는 것이야말로 비로소 바른 중심을 얻는 것이라고 생각합니다.

이러한 이와야 사자나미의 관점은 순종을 첫째 덕목으로 여기는 봉건적 어린이관에 대한 비판이면서, 메이지 국가가 추진하는 근대화 방향에 대해서도 어떤 의미로서는 이의를 제기하는 것이었다. 이런 비판이 제기된 것은 일찍이 무사계급의 이데올로기였던 '충효'가 교육칙어, 메이지 헌법 체제에서 천황을 정점으로 하는 가족국가관에 흡수되어, 바야흐로 근대적 형태로 국민 전체의 덕목이 되었기 때문이었다.

학교화되는 어린이들

이 무렵 어린이들은 급속히 학교교육에 흡수되었다. 교육칙어가 공포된 다음 해인 1891년(메이지 24)에 초등학교 취학률은 숫자상으로 50%를 넘는 정도였는데, 그로부터 불과 10년 정도에 90%에 이르렀다.

히구치 이치요[樋口一葉]의 『키재기[たけくらべ]』(1895)에는 학교화되는 아이들이 등장한다. 국문학자인 기마타 사토시[木股知史]는 『키재기』에 등장하는 아이 쇼타로가 흥얼거리는 노래를 실마리로, 어린이들 세계에 학교라는 근대 장치가 침입하기 시작하는 모습을 선명하게 보여준다(「제도와 천진무구의 사이[制度と無垢の間]」, 『일본문학사를 읽는다 V─근대 1[日本文学史を読む V─近代 1]』).

쇼타로는 미도리의 놀이친구이지만, 다른 어린이들이 다니는 사립학교에 다니지 않고, 혼자서 '같은 창가라도 자신이 원조라

는 얼굴을 한' 공립학교에 다닌다. 그리고 돈놀이를 하는 할머니를 도와 어른 못지않게 사채 대금을 수금하러 다니면서, 하루라도 빨리 다나카 집안을 책임지는 주인이 되고 싶어 한다. 쇼타로가 작은 목소리로 흥얼거리는 노래가 그가 사는 동네인 요시와라 다이온지마에[大音寺前]23)에 어울리는 색정 넘치는 하우타[端唄]24) 「참고 견디는 사랑의 길[忍ふ恋路]」과 학교에서 배운 근면을 비유하는 창가 「돌아라 돌아라 물레방아[廻れ廻れ水車]」 두 개이다.

어린이들이 '학교화'되어 간다는 것은 학교라는 제도를 통해서 미셸 푸코(Michel Foucault)가 강조하는 '규율훈련'의 과정이 어린이들에게 침투해 간다는 의미이다. 학교는 교육 내용을 따지기 전에 우선 그 자체가 '어린 나무를 교정하는' 장치이다. 각각의 집안 사정에 따라 부모의 일을 도우면서 생활하는 것이 결코 아니다. 학교는 어린이들에게 시간과 규칙을 지키게 하고 일사불란한 집단 행동을 가르친다. 또한 어린이들을 산업사회의 예비군으로 훈련시키는 작용도 한다.

이와야 사자나미는 규율훈련의 세계인 '학교'와, '교과서' 세계의 반대쪽에 '오토기바나시'와, '메르헨'의 세계를 대치해 놓고 "부모님이 얌전하게 만든 어린이를 (…중략…) 장난꾸러기로 만들고 학교에서 영리하게 만든 소년을 한편으로는 바보로 만들려"고 하였다. 물론 그는 러일전쟁 후에는 『소년의 러일전쟁사[少年日露戦史]』를 쓰고 문부성의 국정교과서 편찬에도 관여한

---

23) 유곽이 많은 동네.
24) 샤미센에 맞추어 부르는 짧은 속요

것처럼 큰 틀로 보아서는 메이지 국가가 지향하는 방향에서 한 치도 벗어나지 않았다. 그러면서도 다른 한편으로는 '규율훈련' 형태인 근대화에서 벗어나는 '어린이'의 이미지를 제시하였다.

4. 어린이 이미지의 변화

'오토기바나시' 설문조사

어린이들이 기뻐하며 환영했던 아동문학을 메이지의 어른들은 어떻게 받아들였을까?

교육계에서는 오랫동안 우화 이외의 오토기바나시는 존재 자체를 부정하였다. 하지만 메이지 말기가 되면, 이와야 사자나미의 노력으로 오토기바나시에 대한 견해가 좋은 쪽으로 바뀌어 갔다. 『소년세계』(「오토기바나시공진회」호, 1907년 6월호)의 부록 「오토기바나시에 관한 명사들의 의견」에 교육 관계자와 문학자들 37인의 답신이 실렸는데, 그것을 보면 교육에 유익하다는 의견이 압도적으로 많았다. 물론 잡지에 싣기 위한 배려도 있었을 것이다.

교육칙어의 해설서 『교육연의(教育衍義)』의 저자 도쿄제국대학 교수인 이노우에 테츠지로[井上哲次郎]는 "오토기바나시는 소년(少年)을 멋스럽게 만들고 창조적이게 하며 마음을 온화하게 만드는 효과가 있습니다. 어떤 이는 거짓된 이야기를 하기 때문

에 좋지 않다지만, 거짓 이야기는 언젠가는 알게 되므로 별 지장이 없습니다. 오토기바나시는 소년(少年)들 스스로 좋다고 읽는 책이지만 어머니들에게도 필요합니다"고 하였다. 학습원 여학생부장 시모다 우타코[下田歌子]는 "오토기바나시 중에 멋있고 유익한 것을 선택해서 어린이들[児ども]에게 들려주면 교실에서 어려운 도덕 강의를 하는 것보다 좋고 이익도 더 많습니다. (…중략…) 물론 어린이들에게 들려주려면 바른 도덕이 포함되어 있는 이야기가 제일 좋습니다. 하지만 교육에 해가 되지 않는 범위, 즉 지육(智育)·체육·미술교육 같은 의미를 포함하고 있다면 때로는 융통성 있게 색다른 것도 섞어서 들려주십시오. 오히려 올바른 도덕을 가르치거나 교양을 넓히기에 더 수월합니다"라고 하였다.

이노우에 테츠지로나 시모다 우타코처럼 오토기바나시는 넓은 의미에서 교육에 도움이 되기 때문에 유익하다는 의견이 대부분을 차지하였다. 그밖에 교정에 도움이 된다거나 조리 있게 말하는 연습을 하는 데 도움이 된다며 오토기바나시를 구체적인 도구로서 가치가 있다고 하는 의견, 반대로 오토기바나시는 아름다움을 토대로 하는 것이기 때문에 도덕·이론의 가치를 따질 것은 못 된다는 의견도 있었다.

그리고 작가로서는 코다 로한의 답신이 수록되었다. 어른문학에서 오자키 코요와 나란히 칭송받던 코다 로한은 아동문학에서도 『철삼단(鉄三段)』과 『휴가이야기[休暇伝]』, 『엽차회담(番茶会談)』처럼 다방면에 걸친 여러 작품을 집필하였는데, 그의 답신은 다음과 같다.

오토기바나시에 대해서 나는 특별한 의견이라고 할 만한 것이 없습니다. 극히 평범한 생각밖에 아무 생각도 없습니다. 오토기바나시에 대해서는 어떤 특별한 의견도 내세우지 않는 것이 진실이 아닐까, 평범한 생각이 오히려 바르고 유익하며 효과적인 생각이 아닐까 합니다.

그리고 '평범한 견해'로서 어린이가 흥미를 갖는 것, 지나친 자극을 삼갈 것, 품위 있고 간략한 언어를 사용할 것 등의 세 가지를 들었다.

교육 대상으로서 어린이

이들 '명사들의 의견'에 모두 나타나는 것은 '어린이'는 '어른'이 가르치고 지도해야 한다는 자세였다. 요컨대 오토기바나시의 가치도 거기에 있다고 하였다. 이 점에서는 이와야 사자나미도 예외는 아니었다. 부모님과 학교가 '얌전하게 만들고', '영리하게 만든' 어린이를 '장난꾸러기로 만들고', '바보로 만든다'는 것도 '그냥 들으면 물과 기름처럼 서로 전혀 달라 이해되지 않을 듯 하지만 물이 어디서 떨어지든 같은 계곡의 물이듯이 결국 같은 이야기입니다. 이렇게 양극단에 끌리는 것이야말로 비로소 바른 중심을 얻는 것'이기 때문이었다. '어렸을 때의 공상'이 '후일 이상(理想)을 낳는 토대'가 되기 때문에 '어린이는 어린이답게'라고 주장하였다. 그것은 다음 세대를 짊어질 어린이에 대한 어른의 기대로 본다면 극히 당연한 관점이었다.

그러나 메이지 사람들의 이런 견해가 다이쇼·쇼와기를 거쳐 오늘날의 아동문학까지 그대로 이어진 것은 아니었다. 다이쇼기에 들어서자 '어린이'와 '아동문학'에 대한 관념에 결정적인 변화가 생겼다. 다음 장에서 자세히 검토하겠지만 다이쇼기 대표적인 동화작가 오가와 미메이는 어린이를 예찬하고 '동화'를 '어린이 마음을 잃지 않는 모든 인류를 향한 문학'이라고 하였다. 어린이의 읽을거리는 '동화'라는 이름을 얻었으며, 코다 로한이 말하는 '극히 평범한 사고'를 넘어서 '어른의 이상세계'라고까지 칭송받게 되었다.

'동화'는 '오토기바나시'를 계승했다기보다 오히려 그 계승의 단절에서 어린이를 특수한 존재로 보는 새로운 어린이관과 함께 탄생하였다. 메이지 말기 이와야 사자나미는 '오토기바나시'에도 문학성이 필요하다며, '시적 오토기바나시'나 '정적 오토기바나시'의 탄생을 기다린다고 하였다. 그리고 스스로도 생활동화에 근접한 작품을 쓰기도 하였다. 또 『소년세계』의 편집자였던 다케누키 가스이[竹貫佳水]를 중심으로 '소년문학연구회'가 조직되어 아동문학의 새로운 방향을 모색하기도 하였다. 그러나 '오토기바나시'의 '형식'은 이미 확립되어 있어 새로운 구상을 내세우는 것은 쉽지 않았다. 이러한 상황에서 새로운 동화의 탄생에 중요한 역할을 한 것이 서양에서 수입된 낭만주의 '어린이관'이었다.

어린이에 부여된 새 의미

일본 근대문학에서 처음으로 낭만주의적 관점에서 '어린이'를 통하여 어른의 문제를 그려낸 사람은 구니키다 돗포[国木田

独歩]일 것이다. 처녀소설 『겐 아저씨[源叔父]』(1897) 이후 그의 대표작에는 어린이가 중요한 모티브로 등장한다. 구니키다 돗포는 영국의 낭만주의 시인 워즈워스의 영향을 강하게 받았다. 특히 『겐 아저씨』나 『봄의 새[春の鳥]』(1904)를 보면 그가 워즈워스의 시에서 주제나 인물 같은 소재를 많이 활용한 것이 보인다.

『봄의 새』는 머리가 좀 모자라는 소년 로쿠죠가 자신이 가장 좋아하는 까마귀를 흉내내어, 성벽에서 날아보려다가 떨어져 죽는 이야기이다. 구니키다 돗포는 로쿠죠의 죽음을 알게 된 교사의 입을 빌어 워즈워스의 시 내용을 소개하면서 다음과 같이 말한다.

> 영국의 유명한 시인이 쓴 시에 『어느 소년의 이야기(*There was a Boy*)』가 있습니다. 한 어린이가 저녁 무렵이 되면 쓸쓸한 호숫가에 서서 양손가락을 꼬아 올빼미 소리를 흉내냅니다. 그러면 호수 건너편에서 올빼미가 대답합니다. 이것을 이 어린이는 낙으로 삼았습니다. 그러나 결국 죽어 조용한 묘지에 묻혀 그 혼이 자연의 품으로 돌아간다라는 내용입니다.
>
> 나는 이 시가 좋아서 틈만 나면 읽었습니다. 하지만 로쿠죠의 죽음과 생애를 생각하고 그의 바보스러움을 생각하니 이 시보다 로쿠죠가 더 의미가 있는 것 같습니다.
>
> 돌담 위에 서서 보면 봄 하늘의 새는 자유로이 날아다닙니다. 그중 하나는 로쿠죠가 아닐까요? 만약 로쿠죠가 아니더라도 로쿠죠는 까마귀와 많이 다르지 않을 것입니다.

워즈워스는 어른이 되어 잃어버린 어린 시절의 기쁨과 환희를 자주 노래하였다. 구니키다 돗포의 말에 따르면 워즈워스는 "어린이[小児]의 순수와 자유에서 솟아나는 자연스런 기쁨을 믿

는", "이 믿음을 통해서 죽지 않은 영혼을 보았다."(『거짓 없는 기록[欺かざるの記]』) 이런 워즈워스의 '어린이관'을 이어받아 구니키다 돗포는 천진무구 그 자체를 상징하는 소년을 하늘로 날려 보내는 것으로 세속에서 해방된 영원한 생명을 서정적으로 그려내었다.

물론 이러한 낭만주의 어린이관은 하나의 독립된 관념으로서 구니키다 돗포에게 이입된 것은 아니다. 새로운 사상이 외국에서 들어오면 그 사상은 자신의 나라에 있는 비슷한 사고방식에 기초하여 이해된다. 문학적 관념에만 한정된 이야기는 아니다. 구니키다 돗포나 당시의 지식인들이 낭만주의 어린이관을 받아들인 기반은 무엇이었을까? 국문학자인 아시야 노부가츠[蘆谷信和]는 구니키다 돗포에게서 노상사상이 엿보인다고 지적하였는데(『구니키다 돗포-비교문학연구[国木田独歩-比較文学的研究]』), 천진무구한 '어린이'를 예찬하는 낭만주의는 무위자연을 존중하고 인위를 부정하는 노장사상의 관점과 얼마간 비슷한 점이 있다. 구니키다 돗포도 하이쿠[俳句]25)와 하이분[俳文]26)에 능한 이와야 사자나미도 인위를 넘어선 '자연'에 대한 관심이 있었던 듯하다. 이런 의미에서는 구니키다 돗포가 그린 낭만주의 '어린이'도 규율훈련을 지향하는 근대화를 피해 가려는 '이와야 사자나미'류의 '자연스런 어린이'와 연결되어 있다.

그러나 '동화·동요'운동이 전개되었을 때, 그것을 담당한 문

---

25) 5·7·5의 세 구 17음으로 된 단형시. 일본의 대표적인 시가 양식이며, 세계에서 가장 짧은 정형시이다.
26) 하이쿠의 맛이 나는 산문. 간결·골계·고담·탈속을 특징으로 한다.

단작가들이 이어받은 것은, 오토기바나시의 '형식'이 아니라 낭만주의 어린이관이었다. 지식인들은 메이지 정부에 의해 일단 근대화가 달성된 시대에 더 이상 자신들의 이상과 영달을 국가 부흥에서 찾을 수 없었다. 그들은 '어린이'의 '무구'에서 스스로를 지탱할 새로운 가치를 발견하고, 까마귀처럼 하늘을 날아보려고 했던 로쿠죠의 계승자들인 '천진무구'한 어린이들을 동화와 동요에 차례로 그려내었다. 어린이를 세속에서 떼어내고 무구한 존재로 다루는 이러한 새로운 시점(視点)은, 아동문학이 메이지의 오토기바나시에서 일단 벗어나 어른의 '문학'을 거치면서 비로소 가능하게 되었다.

『빨간 새』라는 대중매체

1. 『빨간 새[赤い鳥]』의 탄생

어린이를 위한 참예술

스즈키 미에키치[鈴木三重吉]는 '오토기바나시'가 '동화'의 모습으로 옮겨갈 수 있도록 큰 역할을 한 잡지 『빨간 새』를 1918년(다이쇼 7) 7월에 창간하였다. 그는 이와야 사자나미가 쓴 게사쿠적 요소가 강한 오토기바나시나 당시 범람하고 있던 어린이용 통속소설, 관제창가를 부

스즈키 미에키치

정하고 '예술로서 진정한 가치가 있는' 동화와 동요를 내걸었다. 동화·동요라는 말은 에도시대부터 사용되었는데, 메이지 이후의 오토기바나시나 창가보다 더 예술성이 풍부하다는 것을 나타내기 위해 스즈키 미에키치가 새롭게 사용한 호칭이었다.

『빨간 새』는 어린이 읽을거리에 어른문학의 제일선에서 활약하고 있던 작가를 끌어들여, 동화와 동요를 창작하는 문학운동을 불러 일으켰다. 『빨간 새』 첫 쪽에 있는 '『빨간 새』의 좌우명'에는 이러한 그의 생각이 확실히 나타나 있다.

『빨간 새』의 좌우명
- 현재 세간에 유행하는 대부분의 어린이책은 조잡한 표지가 전부 말해 주듯이 참으로 천박하다. 이러한 책들이 어린이[子供]의 순수를 해치고 있는 것을 보면 걱정스러워 견딜 수가 없다.
- 서양인과 달리 애석하게도 우리 일본에는 여태껏 어린이[子供]를 위해 순수하고 아름다운 읽을거리를 쓴 진실하고 참된 예술가가 거의 없다.
- 『빨간 새』는 속되고 품위 없는 어린이 책을 배제하고 어린이의 순수를 보존하고 개발하기 위해 일류 예술가의 진지한 노력을 모으고, 또한 새롭게 등장할 젊은 어린이 문학 창작자를 맞이하기 위하여 미리 준비하는 운동이며 획을 긋는 선구적인 운동이다. (…중략…)

스즈키 미에키치는 『빨간 새』의 창간을 지지하는 사람으로 이즈미 교카[泉鏡花], 오사나이 카오루[小山内薫], 도쿠다 슈세이[德田秋声], 다카하마 쿄시[高浜虚子], 노가미 토요이치로[野上豊一郎], 노가미 야에코[野上弥生子], 고미야 토요타카[小宮豊隆], 아리시마 이쿠마[有島生馬], 아쿠다가와 류노스케[芥川竜之介], 기타하라 하쿠슈[北原白秋], 시마자키 토손[島崎藤村], 모리 린타로[森林

太郎], 모리타 소헤이[森田草平]를 들었다. 그때까지 어린이 책의 필자였던 이와야 사자나미 문하의 오토기바나시 작가나 교육 관계자는 한 사람도 포함되지 않았다.

스즈키 미에키치에게 동화는 '어린이의 순수를 보존·개발하기 위한 예술'이었다. 그의 눈에는 당시 출간되어 있는 어린이 책이 모두 조잡하고 형편없게만 보였다. 스즈키 미에키치는 『빨간 새』를 창간하기에 앞서 '동화와 동요를 창작하는 최초의 문학운동'이라는

『빨간 새』 창간호 표지

제목의 프린트를 배포하면서 구독회원을 모집하였다. '『빨간 새』의 좌우명'과 같은 내용이 거기에도 서술되어 있는데, 선전 효과를 노린 것인지는 알 수 없지만 더 구체적이고 신랄하다.

사실 어느 가정이나 어린이에게 어떤 책을 사주어야 할지 매우 고심하실 겁니다. 지금 세간에 유행하는 소년소녀용 읽을거리나 잡지들은 표지부터 조잡하여 사줄 생각이 들지 않습니다. 게다가 이런 책들은 내용마저도 통속적이고 짜릿한 자극과 이상야릇한 슬픔으로 가득하며 표현 방법도 상스럽습니다. 이런 것들이 아이들의 품성과 취미 그리고 문장에 바로 영향을 미칠 것을 생각하니 속이 상합니다. 서양인과 달리 우리 일본은 슬프지만 어린이를 위한 진정한 예술가를 단 한 사람도 가져본 적이 없습니다. 우리 자신이 어렸을 때 '어떤 책을 읽었나?' 하고 생각하면 아이들에게 좋

은 책을 만들어주어야겠다는 생각이 바로 듭니다. 그리고 지금 아이들이 부르는 창가도 예술가의 눈으로 보면 참으로 수준이 낮고 유치합니다.

메이지의 거인 이와야 사자나미도 '순수하고 아름다운 예술' 앞에서는 완전히 부정되어야 할 존재에 지나지 않았다. 이렇게 부정할 수 있었던 것은 스즈키 미에키치 자신이 '예술'성을 강조한 '근대문학'의 제도 안에 있었고, 그 범위에서 발언했기 때문이었다. 그는 지금까지 나온 어린이 책을 격렬하게 비난하고 어린이 책에 대하여 십자군 같은 정열을 보였다. 그 이유는 '문학'에서 갈고 닦은 그의 새로운 어린이관·예술관이 당시의 책들과 너무나도 달랐기 때문이었다.

낭만주의 작가, 스즈키 미에키치

스즈키 미에키치는 1906년(메이지 39) 소설 『물떼새[千鳥]』로 나츠메 소세키에게 인정받아 화려하게 문단에 등단하였다. 이 작품은 세토 내해의 작은 섬에서 펼쳐지는 젊은 남녀의 덧없는 만남을 "꿈같이 아스름하게, 간결하고 아름답게, 탁한 세상에 물들지 않은 천진무구한 시적 감성"으로 담아내고, "더없이 결이 고운 문장과 섬세한 감각으로 공들여 완성한" 것이었다(요시다 세이이치[吉田精一], 「스즈키 미에키치 론」, 『빨간 새 연구[赤い鳥研究]』). 나츠메 소세키는 스즈키 미에키치가 보낸 원고를 읽고 "삼가 나는 명작을 얻어 이것을 불여귀에 바치려고 한다"고 하며, 이것을 곧바로 다카하마 쿄시[高浜虚子]에게 소개하였다. 『물떼새』는 『불여귀[ホトトギス]』 1906년 5월호에 게재되었다. 곧이어 1907년(메

이지 40) 1월에는 『메아리[山彦]』가 발표되었다.

"음력 10월 어느 날 저녁, 오쵸는 해쓱한 얼굴로 처마 밑에 멍석을 깔고 멍하니 앉아 있었다. 널어 말린 곡식 줄기에는 이미 실낱같은 햇빛도 비치지 않는다"라고 쓴 『물떼새』의 첫머리, "마을장을 보러가자 13리, 숯 짊어지고 가자 13리하면서 고우타[小唄][1)]로 흥얼거리며 간다는 13리를 성 밖 마을에서 한 밤 자고 터벅터벅, 3리는 비에 젖어 갔다" 하고 쓴 『메아리』, 이렇게 낭만 가득한 스즈키 미에키치의 작품은 "음률 없는 시"(고미야 토요타카)라고 할 정도로 아름다웠다.

고미야 토요타카는 이렇게 썼다.

> 딩시 스즈기 미에기치는 '오이란[2)]의 수심[花魁憂ひ式]'이라는 말을 사용하여, 자신이 그려내려고 하는 소설의 세계를 설명하였다. 그의 목표는 아름다운 오이란이 수심에 잠겨 있는 듯한 느낌을 그려내는 것이었다. (…중략…) '오이란의 수심'을 스즈키 미에키치는 섬세하고 나긋나긋하게, 게다가 서양풍을 가미한 감각적이고 참신한 문장으로 리듬 있게 표현하였다. (…중략…) 당시 청년들은 자신들의 낭만 가득한 꿈이 농도 짙게 표현된 그의 글을 환호하며 받아들였다. 그는 바이런처럼 어린 나이에 문단의 총아가 되었다.
>
> —『소세키, 도라히코, 미에키치[漱石, 寅彦, 三重吉]』

우노코지는 스즈키 미에키치가 인기가 있었던 시기에 와세다 문과 친구가 『물떼새』에 가락을 붙여 암송하는 것을 즐겨했다고 회상하였다(『문학 삼십년(文学三十年)』). 또 사이조 야소[西条八

---

1) 무로마치시대에서 시작하여 에도 초기에 유행한 속요소곡(俗謠小曲)의 총칭.
2) 에도시대 요시와라 유곽의 고급 창녀.

+]는 "당시 나츠메 소세키 문하에서 네오 로맨틱시즘적 구상과 독특하고 감칠맛 나는 문체로 시대를 풍미한 소설가 스즈키 미에키치를 모르는 사람은 거의 없었다"고 하였다(『그 꿈 이 노래ー노래의 자서전에서[あの夢この歌ー唄の自叙伝より]』).

그러나 '오이란의 수심'은 스즈키 미에키치의 한계이기도 하였다. 자연주의 전성기에 그도 자연주의적 방향을 모색했지만 결국 성공하지 못하였다.

그는 1915년(다이쇼 4) 『바보 여덟[八の馬鹿]』을 마지막으로 소설을 쓰지 않았다. 그리고 1916년(다이쇼 5), 처음으로 동화집 『호수의 여인[湖水の女]』을 간행하고 동화의 세계에 입문하였다. 1917년(다이쇼 6)에는 순요도에서 세계동화집 제1편 『황금새[黃金鳥]』를 내고, 다음 해 1918년 『빨간 새』를 창간하였다.

스즈키 미에키치와 동화의 관계에 대해서는 여러 가지로 말이 많다. 자신이 쓴 유명한 「스즈 전설[鈴の伝説]」(갓 태어난 장녀 스즈에게 주기 위해 동화를 집필한 것이 계기였다는 이야기)과 그렇지 않다는 연구도 있다. 하지만 그것보다 더 중요한 부분은 『빨간 새』에서 그의 낭만 가득한 문장이 다시 훌륭하게 꽃 피는 점이다. 고미야 토요타카가 말한 대로 동화의 세계는 그에게 "물고기가 물을 만난 듯한, 지금까지 움막 속에 처박혀 있던 것이 갑자기 넓디넓은 꽃 들판으로 끌려나온 듯한, 자유롭고 편안하며 즐거운 기분을 느끼게 한다."(『소세키, 도라히코, 미에키치』) 스즈키 미에키치는 오가와 미메이만을 선배로서 인정했는데, 오카와 미메이도 메이지 말기부터 동화를 썼으며 낭만주의 작풍으로 세상에 알려진 작가였다.

독자의 반응

『빨간 새』 창간호는 국판 80면, 컬러인쇄 권두화 한 장으로, 표지와 삽화는 고상하고 세련된 화풍을 지닌 시미즈 요시오[清水良雄]가 그렸다. 표지에는 백마 탄 공주와 흑마 탄 왕자가 그려져 있으며, 두 사람은 순진하고 사랑스런 얼굴로 정면을 보고 있다. 집필진에는 기타하라 하쿠슈, 시마자키 토손, 아쿠다가와 류노스케, 스즈키 미에키치, 이즈미 교카, 고미야 토요타카가 있었다. 잡지는 주재자의 인맥 덕분에 유명한 인물들이 많이 포진하였다. 아쿠다가와 류노스케의 「거미줄[蜘蛛の糸]」, 시마자키 토손의 「형제[二人の兄弟]」, 스즈키 미에키치의 「폿포의 수첩[ポッポの手帖]」 같은 『빨간 새』를 대표하는 작품이 연이어 등장하였다. 정가는 18전이었는데, 당시 『소년 클럽[少年倶楽部]』이 20전, 『중앙 공론(中央公論)』이 40전이었다. 만 부를 인쇄하여 9천 부 넘게 팔리는 호조를 보였다. 창간 2호부터는 즉각 '통신'란에 다음과 같은 반응이 밀려들었다.

『빨간 새』 통신란(1권 2호)

  • 저는 오사카 시에 있는 소학교 교사입니다. 『빨간 새』를 즉시 아이들에게 읽히려고 합니다. (1권 2호)
  • 『빨간 새』는 홋카이도 산 속 오지 마을에서도 아이들[子供]이 있는 가정이나 소학교의 선생님, 일요학

교 선생님들의 좋은 참고서가 됩니다. 쉬운 노래와 창작 악보를 널리 모집하는 것은 어떨까 합니다. (1권 3호)

　·저는 후쿠야마 중학교에 재직하고 있는 영어 교사입니다. 기독교인이라서 감리교 교회 주일학교 선생도 하고 있습니다. 저는 아이들[子供]에게 이야기해주는 것을 아주 좋아합니다. 제1호 「큰 족제비[大いたち]」는 정말 재미있게 읽었습니다. (1권 3호)

　·저는 10살짜리 딸아이를 일본에 남겨두고 혼자 타이완에 있습니다. 아이에게 지금까지 많은 잡지를 사주었는데, 어떤 잡지를 골라주어야 할지 몰라 늘 안타까웠습니다. 요번에 『빨간 새』를 보고 제가 예전부터 찾고 있었던 것을 이제야 찾은 느낌이었습니다. (1권 3호)

　·아동(児童)을 상대하는 우리들에게 『빨간 새』는 매우 마음 든든한 기획물입니다. 이제부터 아이들 교재를 귀사에서 얻을 수 있어 마음이 편안합니다. (1권 4호)

　·지난번 도쿄에 사는 형님에게 『빨간 새』를 보낸다는 편지를 받았습니다. 『빨간 새』가 뭔지 저는 잘 몰랐습니다. 어머님도 뭘까 하고 궁금해하셨습니다. 그리고 나서 일주일 정도 지나자 잡지가 도착했습니다. 그래서 처음으로 알았습니다. 읽어보니 신기하고 재미있는 이야기가 많았습니다. 저는 너무 기뻐서 계속 보내달라고 답장을 써 보냈습니다. (1권 4호)

홋카이도와 타이완을 포함한 각지에서 새 잡지의 간행을 기뻐하는 소식이 날아들었다. 독자가 전국에 분포해 있었던 것과 교육자들에게도 환영받은 것을 알 수 있다. 이후 발행 부수는 점차 늘어나서 일 년 뒤에는 두 배 이상인 2만 2천 부나 되었다. 당시 규모가 컸던 어린이 잡지 출판사라도 발행 부수가 많아야 6만에서 12만 부였는데, 스즈키 미에키치가 만든 『빨간 새』는 개인잡지로서는 꽤 잘 팔렸다고 할 수 있다.

2. 발전과 쇠퇴

아동문학의 봄

『빨간 새』가 성공하자 여기에 자극을 받아 비슷한 동화잡지가 잇달아 창간되었다. 1919년(다이쇼 8)에는 『오토기의 세계[おとぎの世界]』, 『금빛배[金の船]』, 『어린이 잡지[こども雑誌]』, 1920년에는 『동화(童話)』, 『이야기[お話]』 같은 잡지가 계속 발간되었다. 나중에 『빨간 새』의 작가가 된 츠보다 죠지[坪田讓治]는 "메이지 이후 일본 아동문학은 숱한 봄과 가을을 거듭하였다. 1918년(다이쇼 7), 『빨간 새』의 창간으로 아동문학에 또 하나의 봄이 시작되었다"고 하였다. 그리고 "어른문학은 구니키다 돗포, 다야마 카타이[田山花袋], 시마자키 토손의 활약으로 1907년(메이지 40) 전후에 새로운 봄이 시작되었다. 그 뒤 12~13년이 되는 이 해는 아동문학의 봄이 일시에 찾아오고, 매화꽃과 벚꽃이 한꺼번에 활짝 핀 시기였다"고 하였다(「아동문학의 이른 봄[児童文学の早春]」, 『아동문학론(児童文学論)』). 신문과 부인잡지에도 저명한 작가가 쓴 동화와 동요가 자주 게재되었다. 이 무렵 동화를 쓰지 않았던 작가는 손가락으로 꼽을 정도라고 해도 틀린 말이 아니었다.

스즈키 미에키치는 자신의 개인통신란에 잇달아 출판되는 동화잡지를 열거하면서 "『빨간 새』의 모방 잡지"라고 비아냥거렸다. 이러한 잡지 중의 하나인 『금빛배』(뒤에 『금빛별[金の星]』로 개명)를 출판한 사람이 사이토 사지로[斎藤佐次郎]였다. 문학을 좋

아하고 유복했던 그는 아는 이에게 잡지 출판을 같이 해보지 않겠냐는 말을 듣는다. 그러면서 보여준 『빨간 새』를 보고 잡지 간행할 마음이 들었다고 한다. 그는 당시를 이렇게 회상하였다.

나도 공부할 마음으로 『빨간 새』와 『좋은 벗[良友]』을 읽었다. 계속 읽다보니 나도 동화라면 쓸 수 있을 것 같았다. 드디어 요코야마 씨의 요청을 수락하고 잡지를 발행해 보려고 생각했다. 그때가 1918년(다이쇼 7) 말이었다.

또 하나 내 결심을 굳히게 한 일이 있었다. 복각판(復刻版)으로 확인하면, 『빨간 새』 1919년(다이쇼 8) 5월호에 스즈키 미에키치 씨가 발표한 『외다리 병사[一本足の兵隊]』가 있다. 안데르센의 『장난감 병정』을 재화한 것인데, 나는 인생의 참 맛이 우러나는 이 동화에 아주 감명받았다. (…중략…) 나는 이런 잡지라면 해볼 만하다고 생각했다. 요코야마 씨가 열심히 권유하기도 했지만 지금 생각해 봐도 안데르센 작, 스즈키 미에키치 씨의 재화 『외다리 병사』와 『카나리아[かなりや]』에 감명받아 내 인생은 180도로 바뀌었다. 나는 그 뒤 편집자·출판인으로서 살아가게 되었다.
—『사이토사지로[斎藤佐次郎]·아동문학사[児童文学史]』

『금빛배』에서는 노구치 우죠[野口雨情]가 동요를 담당하였으며, 「일곱 마리 아기새[7つの子]」와 「빨간 구두[赤い 靴]」 같은 유명한 동요가 이 잡지에서 탄생하였다. 금빛별 출판사는 잡지 『금빛별』의 폐간(1929) 후에도 아동도서출판사로서 지금도 존재한다. 『빨간 새』가 해낸 역할도 상당히 컸지만 '아동문학의 봄'이 찾아온 데에는, 『빨간 새』 말고도 수많은 동화동요잡지의 왕성한 활동이 적지 않은 힘이 된 것을 잊어서는 안 된다.

내가 출판계에 발을 들여놓은 것은 우연한 계기였다. 정열만 앞섰던 초보자가 이만한 성과를 올릴 수 있었던 것은 시대가 그만큼 훌륭했기 때문이다. 실제로 일본 아동문학사에 이런 화려한 시대는 다시 찾아오지 않을 것이다.

—『사이토사지로 · 아동문학사』

이러한 아동문학의 새로운 움직임은 1922년(다이쇼 11)에 간행된 엔도 소센[遠藤早泉]의 『현대 소년책의 연구와 비판[現今少年読物の研究と批判]』에서도 엿볼 수 있다. 엔도 소센은 소학교의 교육현장에 있었던 사람이었는데, 이러한 움직임을 환영하며 다음과 같이 썼다.

최근 우리나라의 문단과 시단에 나타난 새 경향의 하나는 동화 · 동요가 왕성하게 창작되고 화제가 되는 점이다. 교육가는 교육자의 처지에서, 문학자는 또 문예의 처지에서, 각각 자신의 주장을 내세우면서 작품을 써낸다. 이 경향은 더욱 발전하여 동화극까지도 시험적으로 공연하게 되었다. 문학가 중에는 시마자키 토손, 스즈키 미에키치, 아키다 우쟈크[秋田雨雀], 오가와 미메이가 끊임없이 창작에 힘을 쏟고 있다. 시단 쪽에서는 사이조 야소, 기타하라 하쿠슈, 노구치 우죠, 미키 로후[三木露風] 같은 이들이 왕성하게 동요를 발표한다. 작년에 오토기바나시 원조인 이와야 사자나미 씨의 오토기바나시 창작 30년 기념 축하연이 있었다. 그는 오토기바나시 처녀작 『고가네 마루』를 냈을 때를 회상하며 다음과 같이 말하였다. "처음으로 오토기바나시에 손을 댔을 때는 일본의 문사 중 거기에 눈을 돌린 사람은 거의 없었다. 비평가들도 오토기바나시 작품은 비평할 거리가 아니라고 하였다. 말하자면 오토기바나시는 문단의 무풍지대에 있었다"고. (…중략…) 그런데도 지금은 앞에 말한 것처럼 일류 문학자들이 어린이들을 위해 적지 않게 작품을 집필할 뿐만 아니라 일반 사람들도 그렇게 이상하게 여기지 않는다. 이 정도로 사회의식이 발전한 것이 참으로 기쁘다.

또한 엔도 소센은 '마치 길가의 잡초처럼 무성한' 옥석이 뒤섞인 소년 책들을 골라낼 필요가 있다고 쓰고, 이 연구·비평을 위해 이 책을 출판한다고 하였다. 그리고 책 끝에 '문부성 인정 통속 소년 도서목록', '문부성 도서관 소년 서적 표준목록', '메이케이카이[茗渓会] 인정 소년 도서목록', '히비야 도서관 선정 아동 독서목록' 같은 것을 덧붙였다. 그리고 자매편(編)으로 스스로 『교육동화 백선』으로 이름 붙인 동화집을 발간하였다.

신파와 구파

『현대 소년책의 연구와 비판』에서는 '오토기바나시'와 '동화'라는 말이 대단히 넓은 의미로 쓰인다. 엔도 소센은 '소년 읽을거리'를 창작 형태에 따라 ① 그림책, ② 동화, ③ 동요, ④ 고단라쿠고[講談落語], ⑤ 활동사진 줄거리 책, 이렇게 다섯 가지로 분류하였다. 고단라쿠고는 '오쿠보히코자에몬[大久保彦左衛門]'과 '미토코몬[水戸黄門]'이라는 포켓용 책 종류이고, 활동사진 줄거리 책이란 『지고마[ジゴマ]』같이 당시 유행했던 탐정영화나 모험영화의 내용을 단행본으로 엮은 것이다. 엔도 소센의 관심은 주로 동화에 있었다. 그는 동화를 다시 '오토기바나시'·'우화'·'신화'·'전설'·'역사이야기', 이렇게 다섯 종류로 구분하였다. 그리고 동화의 최고 위치에 '오토기바나시'를 놓고, 일본의 『혀 잘린 참새』나 『꽃피우는 할아버지[花さきじじい]』, 독일의 『그림동화』, 덴마크의 『안데르센 이야기』, 이탈리아의 데 아미티스(Edmond De Amicis)의 『쿠오레 이야기(*Cuore*)』를 예로 들었다.

일본 옛날이야기도 서양의 창작아동문학도 모두 '오토기바나시'라고 하는 점에서 이와야 사자나미식의 말법이라고 할 수 있다. 그런데 이들은 모두 '동화'의 분야로 정리되어 있다. 교육계에서는 메이지 때부터 '옛이야기[昔話]'라는 의미로 '동화'를 사용하였다. 그러나 이와야 사자나미의 '일본 옛이야기[日本昔噺]'와 구별하려는 의도로 사용되었을 뿐, 이 책의 분류와 아무런 관계가 없다. 엔도 소센은 다른 장에서 이와야 사자나미와 그 문하생들을 '기존 오토기바나시 작가'라 하고, 시마자키 토손이나 오가와 미에이, 스즈키 미에키치를 '최근 동화작가'라고 하였다. 그리고 전자를 '소년문학의 구파', 후자를 '신파'로 나누기도 하고, '오토기바나시'와 '동화'를 구별하여 사용한 것처럼 보이기도 한다. 하지만 이 분류에 따르면 '구파'와 '신파' 모두 '오토기바나시'로 간주하게 된다. '오토기바나시'와 '우화' · '신화' · '전설' · '역사이야기'의 구별도 확실하지 않다. '구파'와 '신파'란 용어도 혼재되어 문맥에 맞추어서 적당히 사용되어 있다. 이런 점에서 보건대 당시 사람들의 눈에 비친 어린이 책의 모습은 '오토기바나시'에서 '동화'로 옮겨가는 과도기 상황이었다.

도시와 농촌

엔도 소센은 「소년책의 현재[少年読物の現在]」에서 1921년(다이쇼 10)의 도시와 농촌 어린이들의 읽을거리를 비교하였다. 작은 규모의 조사였기 때문에 전체 모습을 알 수는 없지만, 당시 어린이들이 책을 읽는 모습과 잡지의 보급 상황을 보여주는 귀중한 자료이다.

그는 도쿄 시와 치바 촌락에서 각각 소학교를 하나씩 선정하여 심상소학교(尋常小学校)3) 4학년 이상 아동을 조사했다. 도쿄 아동 수는 767명(남자 어린이 403명, 여자 어린이 364명), 치바는 254명(남자 어린이 132명, 여자 어린이 122명)으로 모두 1,021명, 치바 쪽은 고등과(高等科)4) 60명을 포함하였지만, 도쿄는 심상소학교 4, 5, 6학년 세 학년만 조사하였다. 그중 '어떤 잡지를 읽고 있는가?'라는 질문에 대해서 농촌 어린이들의 투표수는 90표, 잡지 종류는 30종, 도시 어린이들의 투표수는 1,131표, 잡지는 66종이었다. 아동 한 사람당으로 바꾸면 농촌에서는 아동 한 사람당 0.35권, 도시에서는 1.47권의 비율이 된다. 엔도 소센이 말한 것처럼 우선 독서량에서 도시 어린이들과 농촌 어린이들의 차이가 큰 것이 눈에 띈다. 다이쇼기 도시와 농촌의 생활양식과 문화의 차이를 나타낸다고 하겠다. 농촌에서 읽고 있는 잡지 이름은 아래 표와 같다. 도시는 상위 12종이 선정되어 남녀별로 집계되어 있다.

치바 현(県), 군부(郡部)의 소학교 아동 애독지

『일본소년(日本少年)』	13	『소년세계(少年世界)』	13
『소녀의 벗[小女の友]』	11	『소녀세계(少女世界)』	8
『소녀(少女)』	7	『소년(少年)』	4
『배움의 벗[学の友]』	4	『소학교남학생[小学男生]』	3
『떡갈나무 열매[樫の実]』	3	『소학교여학생[小学女生]』	2

---

3) 구교육제도의 초등학교. 1947년에 폐지.
4) 고등소학교. 구교육제도에서 심상소학교를 마친 다음, 다시 2년 더 다니던 학교

『소학소녀(小学少女)』　　　　2　　　『아동 글쓰기[児童綴方]』　　2
『일본소녀(日本少女)』　　　　1　　　『세계소년(世界少年)』　　　1
『비행소년(飛行少年)』　　　　1　　　『좋은 벗[良友]』　　　　　　1
『오토기의 세계[おとぎの世界]』　1　　　『소녀화보(少女画報)』　　　1
『소녀학우(少女学友)』　　　　1　　　『유년의 벗[幼年の友]』　　1
『주부의 벗[主婦の友]』　　　　1　　　『부인세계(婦人世界)』　　　1
『부인의 벗[婦人の友]』　　　　1　　　『중학세계(中学世界)』　　　1
『중학강의록(中学講義録)』　　1　　　『고단클럽[講談倶楽部]』　　1
『현농회지(県農会誌)』　　　　1　　　『향상(向上)』　　　　　　　1

(6학년에는 학급문고가 있어, 『쑥쑥 자라기[のびて行く]』·『소학교 5, 6학
년[五, 六年の小学校]』을 공동 구입)

도쿄 시의 소학교의 애독지

    (여자)　　　　　　　　　　　　　　（남자）

『담해(譚海)』　　　　　　119　　　『소년세계(少年世界)』　　113
『소녀세계(少女世界)』　　115　　　『일본소년(日本少年)』　　99
『소녀의 벗[小女の友]』　　66　　　『소년클럽[少年倶楽部]』　44
『소녀화보(少女画報)』　　47　　　『담해(譚海)』　　　　　　35
『소학소녀(小学少女)』　　41　　　『세계소년(世界少年)』　　31
『소녀호(少女号)』　　　　32　　　『금빛배[金の船]』　　　　30
『소녀(少女)』　　　　　　26　　　『비행소년(飛行少年)』　　18
『어린소녀의 벗[幼女の友]』　23　　　『동화(童話)』　　　　　　17
『소학교여학생[小学女生]』　22　　　『유년세계(幼年世界)』　　15
『빨간 새[赤い鳥]』　　　　19　　　『소학소년(小学少年)』　　14
『소년세계(少年世界)』　　11　　　『소학교남학생[小学男生]』　12
『오토기의 세계[おとぎの世界]』　8　　　『빨간 새[赤い鳥]』　　　　10

이 책을 근거로 도시와 농촌을 견주어 보면 하쿠분칸(『소년세
계』·『소녀세계』·『담해』)과 지츠교노 니혼샤(『일본소년』·『소녀의 벗』

·『소학교남학생』·『소학교여학생』) 같은 대형 출판사 잡지가 출판 저널리즘으로 모두 우위를 차지한다. 그러나 『빨간 새』의 경우 는 경향이 전혀 다르다. 『빨간 새』의 애독률은 도쿄 소학교에서 남자 어린이들은 12위, 여자 어린이들은 10위인데, 치바 소학교 에서는 어린이 254명 중 단 한 명도 없다.

하지만 『빨간 새』 통신란에는 "제가 담당하고 있는 5학년 여 학생 중에 『빨간 새』 1호를 갖고 있는 어린이가 18명입니다"(오사 카 시, 1권 3호), "우리 교실에서 『빨간 새』의 독자는 40명 중에 10 명입니다. 4~5명 당 한 명의 비율입니다"(오사카 시, 2권 5호)라는 내용의 독자 편지를 보아도 엔도 소센이 조사한 도쿄 시 소학교 뿐만 아니라 오사카 시 소학교에서도 『빨간 새』를 많이 애독한 것을 알 수 있다. 『빨간 새』의 독자는 확실히 도시에 많았다.

『빨간 새』의 독자들

다이쇼기에 어린 시기를 보낸 이들의 회상기에는 가끔 『빨간 새』가 등장한다. 예를 들면 유카와 히데키[湯川秀樹]는 "『토요토 미히데요시 전기[太閤記]』를 읽고 나자 안데르센이나 그림 같은 다른 외국동화 번역물에도 관심이 생겼다. 이와야 사자나미의 오토기바나시도 읽었다. 『소년세계』나 『일본소년』 같은 잡지도 애독했다. 아리모토 호스이[有本芳水], 마츠야마 시스이[松山思水] 같은 이름을 지금도 기억한다. 스즈키 미에키치 작품도 열심히 읽었다. 소학교 고학년이 되어서 『빨간 새』가 발행되었을 때 나 는 『빨간 새』의 애독자가 되었다"고 하였다(『나그네[旅人]』).

또 나가노 현 이이다 시의 의사 아들이었던 고지마 도시오[古島敏雄]는 "나는 당시 처음 나온 『빨간 새』를 구독하고 있었다. 친구는 잡지 『동화』를 구독하고 있어서, 달마다 서로 바꾸어 보았다. (…중략…) 잡지를 정기 구독하고 집에 어린이용 책이 있으며, 책을 화제로 친구 집에서 놀 수 있는 아이는 우리 반에선 그 친구, 신문기자 집뿐이었다"고 하였다(『다이쇼의 어린이들—시골마을 생활지[子供たちの大正時代—田舎町生活誌]』).

츠루미 슌스케[鶴見俊輔]의 경우는 쇼와 시기일 거라고 생각되는데, "어렸을 때 나는 몇 번이나 『빨간 새』라는 잡지를 본 적이 있었다. 좋은 잡지라며 엄마가 읽으라고 했지만, 나는 항상 나쁜 책으로 나도 모르게 마음이 기울어서 『빨간 새』 같은 양서는 읽지 않았다. 『빨간 새』에 관심을 가진 것은 소학교를 졸업하고 나서였다. 스즈키 미에키치가 여태까지 쭉 『빨간 새』에 실었던 어린이들의 글을 『글쓰기 독본[綴方読本]』에 체계적으로 정리, 평가를 해 놓은 것을 읽고 나서였다"고 말한다(『내 지평선에[私の地平線の上に]』).

이 같은 회상기와 앞에 쓴 통신란에서 알 수 있듯이 『빨간 새』의 주된 독자는 도시 중산층의 아이들과 지방 '명사'의 자제들이었다.

물론 도시에서도 『빨간 새』 문화와 전혀 인연이 없는 아이들도 있었다. 가타 고지[加太こうじ]는 도쿄 서민층 아이였다. 그는 다음과 같이 회상한다.

일본에서 동화운동은 1918년(다이쇼 7), 즉 내가 태어난 해에 스즈키 미에키치가 주재하여 아동을 위한 문예잡지라는 평가를 받은 『빨간 새』로 시작되었다. 그리고 내가 대여섯 살이 되었을 때는 『금빛배』같이 비슷한 경향을 가진 잡지들이 발행되는 등 최전성기였다. 나는 그런 것은 전혀 몰랐고, 기다유[義太夫][5]의 가장 멋진 대목이나 하우타[端唄],[6] 고우타를 들려주는 큰어머니와 에도시대부터 메이지 초기까지 많이 불렀던 전래동요를 들려주는 할머니 손에 자랐다.

—『시타마치에서 놀던 때─'어린이 문화'를 다시 생각한다
[下町で遊んだ頃─'子どもの文化'再考]』

도시 중산층의 문화

『빨간 새』를 지지한 것은 주로 도시 중산층이었다. 즉, 공무원이나 교육 관계자, 은행원, 회사원, 변호사, 의사 같은 중등 이상의 학력을 가진 사람들, 즉 화이트칼라 가정이었다. 이런 직업은 메이지 말기에 증가하기 시작해, 1920년(다이쇼 9) 무렵에는 전 국민의 7~8%를 차지였다. 학력은 있어도 이미 정치·경제의 중심 세력으로 부상할 수 없게 된 그들은, 지주나 자작농, 상공업자 같은 구중산층의 반대되는 개념인 신중산층으로 분류되었다.

제1차 세계대전으로 일본 자본주의는 비약적으로 발전하였다. 농림·수산·광공업의 생산총액을 보면, 1914년(다이쇼 3)부터 1919년(다이쇼 8) 사이에 약 31억 엔에서 118억 엔으로 증가하였다. 이 동안에 농업생산액과 공업생산액이 차지하는 전체 비

---

5) 겐로쿠[元禄 : 1688~1704]시대에 다케모토 기다유가 창시한 죠루리 일파. 샤미센을 반주하면서 이야기를 엮어간다.
6) 샤미센에 맞추어 부르는 짧은 속요

율도 역전하여 경공업을 중심으로 한 공업이 총액의 56.5%에 달하였다. 이런 일본 산업구조의 변화와 경제력 향상을 배경으로 신중산층은 독자적인 문화를 형성하였다.

메이지기에 서양문화는 일본문화와 너무 달라 일부 특권층 이외에는 일상생활에서 받아들이지 못하였다. 그러나 다이쇼기가 되자 '자작나무파[白樺派]'[7]로 대표되듯이 이미 외래문화에 익숙하고, 이질적으로 생각하지 않는 사람들이 생겨났다. '자작나무파' 정도의 엘리트가 아니더라도 학력이 있는 도시 중산층 사람들에게 서양문화는 이미 익숙하였다. 이 시기에 '문화생활'이라는 말이 유행했는데, '서양식 취미를 받아들인 합리적인 문화생활'이야말로 그들이 동경하고 지향한 생활 태도였다. 교외에 있는 서양식 '문화주택'에 살며, '오늘은 테이코구, 내일은 미츠코시'라는 미츠코시 백화점의 캐치프레이에서도 알 수 있듯이, 테이코쿠 극장에서 시마무라 호케츠[島村抱月]·마츠이 스마코[松井須磨子]의 연극을 보고 백화점에서 쇼핑하는 소비 생활을 즐겼다. 또한 취미로 외국문학을 읽고 음악회나 미술전시회에 가기도 하였다. 이러한 소비 생활은 지방의 토착문화에서 벗어나 도시에서 봉급생활을 하는 사람들이 공유하는 새로운 문화의식으로 정착하였다.

『빨간 새』는 표지 하나만 보더라도 확실히 이런 가정이 원하는 고급스러움과 서양냄새가 물씬 풍긴다. 『빨간 새』는 어린이

---

7) 이상주의와 휴머니즘을 내걸고 1920년에 결성된 문화운동. 시가 나오야, 무샤노코지 사네아츠들이 주요 멤버로 활동하였다. 우리나라에는 백화파로 알려져 있지만, 여기에서는 백화의 원래 우리이름인 자작나무로 하였다.

『빨간 새』 표지(3권 6호)

들이 판단하기 전에 부모인 그들의 취향과 맞았다. 이것은 앞에서 인용한 츠루미 슌스케의 글에서도 볼 수 있고, "아버지는 『빨간 새』라면 아무 때나 읽어도 혼내지 않습니다"(시바아다고 소학교 6학년 가마다 교코[鎌田敬子] 3권 1호) 하고 쓴 '통신'이나, 부모들이 보내온 편지에서도 볼 수 있다. 아이들이 용돈을 쪼개서 『빨간 새』를 구독하기도 하였지만, 부모들이 구입하여 주는 일이 많았다. 『빨간 새』가 성공한 요인은 동시에 시대의 한계라고 할 수도 있겠지만, 자녀교육에 열심이었던 도시 중산층의 문화의식과 『빨간 새』의 가치관이 일치했기 때문이었다.

다이쇼 자유교육

당시 교육계에서는 '다이쇼 자유교육'으로 불리는 교육운동이 전개되고 있었다. 1917년(다이쇼 6), 사와야나기 사이타로[沢柳政太郎]는, 사립학교인 세이죠[成城] 소학교를 설립하였다. 그는 취지문에서 "우리나라 소학교가 메이지유신 이후 반세기 동안에 이루어낸 진보는 진실로 찬탄할 만합니다. 하지만 이 50년

세월 동안 점차 인습 고정의 껍질이 생겨나 교육자는 번거로운 형식에 얽매이게 되었습니다. (…중략…) 이 단단한 형식의 껍질을 깨고 살아 있는 정신으로 아동(児童)을 교육해야만 합니다. (…중략…) 특히 현재까지 계속 되는 유럽대전란은 우리 교육계를 향해 절실히 각성을 촉구하고 있습니다”라고 하였다. 또 ‘우리학교의 희망과 이상’으로서 ‘개성 존중의 교육’, ‘자연친화교육’, ‘심성교육’, ‘과학 연구를 기초로 하는 교육’이라는 4개 항목을 들고 독자적인 교육을 실시하였다(나카노 히카루[中野光], 『다이쇼 자유교육의 연구[大正自由教育の研究]』). 교육에 대한 이러한 새로운 움직임은 단순히 세이죠 소학교만이 아니라 사범부속 소학교를 중심으로 전국적인 규모로 나타나 지방의 젊은 교사들에게도 커다란 영향을 주었다.

1921년(다이쇼 10), 잡지 『교육학술계』의 주최로 ‘8대 교육주장 강연회’가 도쿄에서 열렸다. 무더운 8월이었는데도 2,000명 정원에 신청자가 5,500명이나 전국에서 몰려들었다고 한다. 다음해 출판 된 강연 기록집 『8대 교육주장』도 날개 돋친 듯 팔려, 1922년(다이쇼 11) 1월 초판부터 약 3년 사이에 14쇄나 찍었다. 이 ‘8대 교육주장’은 히구치 쵸이치[樋口長市]의 「자학교육론(自学教育論)」, 고노 키요마루[河野清丸]의 「자동교육론(自動教育論)」, 데츠카 키시에[手塚岸衛]의 「자유교육론(自由教育論)」, 치바 메이키치[千葉命吉]의 「충동만족론[一切衝動皆満足論]」, 이나케 킨시치[稲毛金七]의 「창조교육론(創造教育論)」, 오이카와 헤이지[及川平治]의 「동적교육론(動的教育論)」, 오바라 쿠니요시[小原国芳]의 「전인교육론(全人教育論)」, 가타카미 노부루[片上伸]의 「문예교육론(文芸教育論)」

이렇게 여덟 편인데, 모두 메이지 이후 아동교육을 변혁하려고 했던 열의가 담겨 있었다.

이렇게 '자유교육' 의식이 높아진 배경에는 메이지의 획일·주입식 교육에 대한 반성이 있었다. 또한 1900년에 스웨덴의 교육자 엘렌 케이(Ellen Key)가 『아동의 세기』를 저술한 이후 세계적으로 자유교육운동이 일어난 것, 그리고 다이쇼 데모크라시의 조류를 타고 여성과 어린이들에 대한 관심이 높아진 것을 들 수 있다.

예술교육운동과 『빨간 새』

어린이들의 자발성이나 개성을 존중하려는 자유교육은 이렇게 교육현장에서 나타났는데, 그것은 『빨간 새』가 제창한 어린이의 글쓰기와 동요, 자유화에 관한 주장과 일치하였다. 『빨간 새』에서는 스즈키 미에키치가 "지금 어린이, 어른 할 것 없이 신문·잡지의 저속한 기사 표현에 해를 입고 있다"며, 어린이들의 눈으로 보고 느낀 그대로 표현하는 것이 좋다는 '글쓰기'를 강하게 주장하였다. 기타하라 하쿠슈는 '창가'는 예술이 아니며 피가 흐르지 않는다고 비난하고, '동요'로 생생한 어린이들의 마음을 노래하려고 하였다. 또 야마모토 카나에[山本鼎]는 지금까지 그림을 그렸던 방법, 즉 그림본을 모방하는 '교본 그림[臨画]'를 배제하고 어린이들이 자유롭게 그리게 하는 '자유화'를 주장하였다.

'8대 교육주장'의 강연자 중 한 사람인 가타카미 노부루는 도덕에 편중되어 있는 교육을 비판하였다. 문예야말로 "인간을 도덕적이게 만드는 데 가장 미묘하고 심원한 것이며 근본적이고 영구적인 감화를 준다"고 문예교육의 필요성을 역설하였다. 가타카미 노부루와 기타하라 하쿠슈, 야마모토 카나에, 기시베 후쿠오[岸邊福雄]는 함께 1921년(다이쇼 10)에 잡지『예술자유교육(芸術自由教育)』을 창간하였다. 이 잡지는『빨간 새』와 함께 다이쇼기 예술교육운동의 중심에 서서, 예술과 자유 그리고 어린이라는 관점에서 교육을 혁신하려고 하였다.『빨간 새』를 만들고 발전시킨 사람들은 동시에 예술교육운동에도 관련되어 있었다.

보조교재로써『빨간 새』

관제교과서로서는 뭔가 부족하다고 느낀 교사들은『빨간 새』를 종종 보조교재로 이용하였다. 앞에서도 소개했지만『빨간 새』의 통신란에는 학교 교사에게 온 편지가 많다.

- 『빨간 새』는 어린이[子供]에게도 우리들에게도 아주 좋은 참고서입니다. 우리 반 아이들의 글도 실렸으면 좋겠습니다. (1권 4호)
- 제가 가르치는 어린이들이『마법물고기[魔法の魚]』를 읽고 나서 마지막에는 "이렇게 되나요?" "저렇게 되나요?" 하면서 번갈아 가며 물어보러 옵니다.『빨간 새』는 정말 어린이들의 관심을 끌고 있습니다. 아동교육을 위해 애쓴 선생님에게 깊은 감사를 드립니다. (1권 5호)

나중에 서지학(書誌学)의 대가로 알려진 모리 센조[森銑三]도 젊었을 때 소학교 임시교사를 하였다.

『몸통 빵빵이, 팔다리 쭉쭉이, 눈 번쩍이[ぶくぶく長々火の目小僧]』를 우리 반 아이들에게 이야기해 주었더니 난리법석이 났습니다. 계속 글쓰기 독본을 보고 싶습니다. (1권 4호)

그는 동화잡지 『작은 별[ちいさな星]』을 발간하고 나중에는 『빨간 새』에 원고를 집필하기도 하였다.

『빨간 새』의 '글쓰기'나 '동요'란에 실렸던 작품을 보면, 지방 어린이들의 작품이 도시 어린이들 작품보다 뛰어나고 작품수도 많았다. 지방에는 각 가정에서 살 수 있을 정도로 보급이 되지 않아서, 교사가 구입하여 어린이들에게 들려주는 일이 많았던 것 같다.

『빨간 새』의 '아동자유시'란에 작품이 단골로 실리는 가네코 테이[金子てい]는 나중에 이렇게 말한다.

'선생님들은 자오 중턱 가까이에 있는 작은 소학교로 오기가 싫은 것 같다. (…중략…) 이런 학교에 희한하게 젊은 남자 선생님이 부임해 왔다. (…중략…) 오타 선생님은 18세였는데, 『빨간 새』를 우리에게 읽어 주었다. 우리 모두 선생님한테 자유시와 글쓰기를 배웠다.

—『작문과 교육』, 1955년 6월호

이 '오타선생'이 『빨간 새』 1922년(다이쇼 11) 9월호 통신란에 등장한다.

스즈키 선생님, 카네코테이의 동요를 추천해 주시고 예술잡지 『빨간 새』를 상으로 주셔서 정말 감사합니다. 학급 아동 60여 명 앞에서 발표하니 모두들 깜짝 놀라며 정말 좋아하던 모습이 아직도 눈에 선합니다. 그 일이 있고 나서 아이[児童]들은 더욱더 열심히 글을 쓴답니다. 저는 자유시

를 거의 7백 편이나 모아두었고, 아이들 글도 약 2백 편이나 따로 챙겨두었습니다. 학급 아이들은 새로 도착한 『빨간 새』를 보여주면 뛸 듯이 기뻐합니다. 달마다 신간이 오기를 손꼽아 기다립니다. 제 학급 아이들은 형편이 좀 어려워서 모두 구독하라고 권할 수가 없습니다. 게다가 서점도 멉니다. 제가 달마다 잡지를 몇 권씩 사서 열람소 비슷한 것을 교실 한쪽에 만들어서 읽힙니다. 아이들이 가장 좋아하는 것은 『빨간 새』, 그림 잡지는 『어린이의 나래[子供のくに]』입니다. 글쓰기 방법에 대해서 여러 가지 지도해주셔서 얼마나 고마운지 모릅니다. 모든 사람들이 선생님의 비평을 듣고 글 쓰는 실력이 늘었으면 좋겠습니다.

나중에 기타하라 하쿠슈 문하 시인으로 이름을 날린 요다 준이치[与田準一]도 소학교 교사 시절에 어린이들의 작품을 『빨간 새』에 보냈다.

스즈키 선생님을 처음 뵌 것은 지금부터 12년 전입니다. 그 무렵 저는 시골교사였습니다. 『빨간 새』에 아이들[子供達]의 자유시를 투고하고, 저도 동요를 써 보내고, 기타하라 하쿠슈 선생님의 평가도 받으면서 긴장감 있게 전원생활을 하였습니다. 밝고 아름다운 아이들 작품(후쿠오카 현 시모츠마 소학교)에서 많은 암시를 얻었으며, 아이들에게 이끌려 썼다고 할 수 있습니다. 아이들은 상급학교로 진학하면서 산문 실력이 늘었습니다. 그래서 자유시를 쓰게 하면서, 한편으로는 긴 글도 쓰게 하여서 『빨간 새』에 보냈습니다. 또 그것을 스즈키 선생님이 보아주셨습니다. 저도 동화를 써서 보냈고 스즈키 선생님이 보아주셨습니다. 아이들 글은 7~8편 정도 실렸지만 제 동화는 항상 실리지 않았습니다.
—「십이년 전(十二年前)」, 『빨간 새 스즈키 미에키치 추도호
[赤い鳥 鈴木三重吉 追悼号]』, 1936년 10월

『빨간 새』가 남긴 명작

『빨간 새』는 창간 이후 순조롭게 부수를 늘려 1920년(다이쇼 9)에는 3만 부나 발행하였다. 『빨간 새』의 성공에 자극을 받아 많은 아동잡지가 계속 창간되었다. 1923~24년에는 그림잡지를 포함하여 100개가 넘는 많은 잡지가 생겨났다. 동화·동요의 황금시대였으며, 넘쳐나는 아동잡지 가운데 『빨간 새』는 독보적인 존재였다.

『빨간 새』가 낳은 명작으로는 아쿠다가와 류노스케의 「거미줄[蜘蛛の糸]」·「두자춘(杜子春)」·「아그니 신[アグニの神]」, 아리시마 타케오[有島武郎]의 「한 송이 포도[一房の葡萄]」, 우노 코지의 「머위 아래 정령[ふきの下の神様]」, 오가와 미메이의 「검은 사람과 빨간 썰매[黒い人と赤い橇]」·「달밤과 안경[月夜とめがね]」·「초코 사탕 천사[あめチョコの天使]」, 도요시마 요시오[豊島与志雄]의 「마술사[手品師]」·「천하제일명마[天下一の馬]」·「텐구웃음[天狗笑]」, 기쿠치 칸[菊池寛]의 「첫째, 둘째, 셋째[一郎次, 二郎次, 三郎次]」·「낫토 싸움[納豆合戦]」, 사토 하루오[佐藤春夫]의 「미노루의 호궁[実さんの胡弓]」을 들 수 있다.

창작동요는 스즈키 미에키치의 기대 이상으로 발전하였다. 기타하라 하쿠슈나 사이조 야소는 굉장한 기세로 걸작을 발표하였다. 『빨간 새』에 발표된 동요는 신선했을 뿐만 아니라, 관제창가에 없는 예술적 향기마저 풍겨 삽시간에 일본 열도를 휩쓸었다. 기타하라 하쿠슈의 「비[雨]」·「빨간 새 작은 새[赤い鳥小鳥]」·「덜렁대는 이발사[あわて床屋]」·「짹짹 물떼새[ちんちん千

鳥]」·「탱자나무 꽃[からたちの花]」·「이 길[この道]」, 사이조 야소의 「카나리아[かなりあ]」·「독불장군[お山の大将]」도 『빨간 새』에 발표된 것이었다.

야마무라 보쵸[山村暮鳥]와 노구치 우죠도 이 작품들에 자극을 받아 다른 잡지에 동요를 발표하였다.

또 스즈키 미에키치는 이 시에 곡을 붙이기도 하였다. 1919년(다이쇼 8) 5월호에 사이조 야소의 「카나리야[かなりや]」(첫 출판은 「카나리아[かなりあ]」, 1918년 1월호)에 나리타 타메죠[成田為三]가 처음으로 곡을 붙였는데, 이것이 '일본 예술동요작곡의 시조(始祖)'이다(후지타 타마오[藤田圭雄], 『일본동요사 I[日本童謡史 I]』). 그 뒤에 작곡가 나리타 타메죠, 야마다 코사쿠[山田耕筰], 쿠사가와 신[草川信], 히로타 류타로[弘田竜太郎], 고노에 히데마로[近衛秀麿]가 동요를 작곡하였다. 우리들이 아는 많은 동요가 이 시기에 태어났다.

『빨간 새』의 쇠퇴

그러나 '아동문학의 봄'은 길게 지속되지 않았다. 『빨간 새』가 왕성하게 활동했던 이 시기는 동시에 『타치카와 문고[立川文庫]』류의 고단본[講談本]과 통속소설이 대유행하던 시기이기도 하였다. 『빨간 새』의 발행 부수는 전성기에도 3만 부 정도였다. 하지만 1914년(다이쇼 3) 창간된 고단샤[講談社]의 잡지 『소년클럽』은 처음에는 3만 부, 1917년(다이쇼 6)에는 4만 부 정도였지만, 1920년(다이쇼 9)에는 8만 부로 부수가 점점 늘어나 『빨간 새』와 격차

가 벌어지기 시작하였다. 관동대지진이 일어난 뒤에는 요시카와 에이지[吉川英治]의 「신슈천마협[神州天馬侠]」(1925년 5월~1928년 12월), 다카가키 히토미[高垣眸]의 「류진마루[竜神丸]」(1925년 4월~12월), 사토 코로쿠[佐藤紅緑]의 「아아, 옥잔에 꽃을 띄우고[ああ、玉杯に花うけて]」(1927년 5월~1928년 4월), 사사키 쿠니[佐々木邦]의 「고민하는 학우[苦心の学友]」(1927년 10월~1929년 12월), 야마나카 미네다로[山中峯太郎]의 「적중횡단 삼십리(敵中横断三十里)」(1930년 4월~9월)가 크게 히트하면서 더욱더 약진을 거듭하였다. 『소년클럽』은 1923년(다이쇼 12)에는 12만 부, 1924년에 30만 부, 1928년(쇼와 3)에는 45만 부(1936년에는 75만 부나 팔렸다)나 팔리며 압도적인 부수로 아동 출판계에 군림하였다. 이처럼 통속소년소녀소설이 인기를 끌고 비슷한 잡지가 넘쳐나자, 『빨간 새』는 1923~24년을 고비로 『소년클럽』과 대조적으로 쇠퇴하기 시작하였다.

여기에 타격을 입힌 것이 1927년(쇼와 2)에 아루스샤[アルス 社]와 고분샤[興文社]=분게이슌쥬(文芸春秋)에서 잇달아 간행한 『일본아동문학문고』·『소학생전집』 총서였다. 이 전집은 가격이 싼 데다가 다이쇼기에 발표된 동화·동요를 거의 수록하였기 때문에, 『빨간 새』는 전멸에 가까운 타격을 받았다. 츠보다 죠지[坪田譲治]의 말을 빌리면 "1918년(다이쇼 7) 이후 10년에 걸친 아동문학이 이때 결산 정리를 하였다. 어떻게 보면 가을 수확기라고 할 수도 있지만, 장대한 두 전집이 출판되자 십 년 동안 긴 겨울이 찾아 왔다."(「아동문학의 이른 봄[児童文学の早春]」, 『아동문학론(児童文学論)』)

물론 사회경제적인 관점에서 보자면, 관동대지진(1923년 9월 1

일) 이후 불황이 심각한 그림자를 드리우고, 쇼와기에 이르러 세계가 점차로 군국주의 양상을 띠게 된 점도 동화잡지가 추락하게 된 원인이었다. 『빨간 새』에서 『소년클럽』으로 시대는 옮겨 가고 있었다.

1929년(쇼와 4) 3월 『빨간 새』는 127권을 끝으로 휴간하였다. 이 무렵에는 거의 모든 동화잡지가 폐간되었다. 『빨간 새』와 어깨를 나란히 했던 『동화』는 1926년(다이쇼 15)에, 『금빛별』도 1929년(쇼와 4)에 폐간되었다. 2년 후인 1931년(쇼와 6) 1월 『빨간 새』는 스즈키 미에키치의 노력으로 복간되었지만, 예전의 열기를 되찾을 수 없어 매우 고전하였다. 스즈키 미에키치가 1933년(쇼와 8)에 쓴 편지에 "질 높은 『빨간 새』는 점점 받아들여지지 않습니다. (…중략…) 하토야마 씨가 장관이 되어 가족들과 정답게 웃고 있는 사진이 신문에 실렸는데, 아드님은 『소년클럽』을 손에 들고 있었습니다" 하고 쓴 문장이 보인다. 그리고 복간 6년 후 스즈키 미에키치의 사망으로 1936년(쇼와 11) 10월 「스즈키 미에키치 추도 호」를 발행하고 『빨간 새』의 역사는 끝났다. 전기·후기 모두 합쳐서 『빨간 새』는 총 196권을 간행하였다.

『빨간 새』 스즈키 미에키치 추도호 표지

『빨간 새』의 3기

작품의 내용을 따져서 『빨간 새』의 전기(前期)를 두 시기로 구분하여 전체를 3기로 나누기도 한다. 아동문학작가이며 평론가인 세키 히데오[関英雄]는 『빨간 새』의 기자였던 모리 사부로[森三郎]의 이야기를 기초로 3기로 구분하고 당시 아동문학의 동향과 대조하며 정리하였다(『빨간 새 복각판 해설[赤い鳥復刻版解説]』).

제1기는 1918년(다이쇼 7) 7월 창간부터 관동대지진(1923)까지이며, 『빨간 새』를 선두로 동화·동요운동이 생성·발전한 시기이다. 『빨간 새』의 작품은 스즈키 미에키치의 재화(再話)가 많았는데 주로 임금과 공주 이야기, 즉 메르헨이 중심이었다.

다음 제2기는 관동대지진 이후 1924년(다이쇼 13)에서 1929년(쇼와 4) 휴간까지이다. 『빨간 새』를 대표로 시민권을 얻은 동화·동요운동이 절정기를 지나 점점 쇠락의 길로 접어든 시기이다. 『빨간 새』에 나오는 메르헨이 너무 식상하여 새로운 창작동화가 모색되는 시기였다.

그리고 1931년(쇼와 6)에 복간되어 1936년(쇼와 11)에 폐간되기까지가 제3기이다. 이 시기에는 동화·동요운동의 쇠퇴기로, 즉 겨울 시기였지만, 후기 『빨간 새』에는 기성작가가 보조역할을 하고 신인작가가 쓴 새롭고 참신한 작품을 내놓았던 점에서 '재건의 시기'라고도 한다.

제 4 장

『빨간 새』의 어린이

1. 세 가지 이미지

창작과 재화

『빨간 새』의 동화·동요에 나타난 어린이의 이미지를 『빨간 새』 전기(前期), 즉 1918년(다이쇼 7) 7월부터 1929년(쇼와 4) 3월까지 127권에 수록된 작품을 가지고 분석해 보았다. 『빨간 새』 전기란, 모리 사부로에 따르면 『빨간 새』 제1기와 제2기로 '동화'라는 새 개념이 일반 사람들 사이에 정착한 시기를 말한다. 이 시기에 스즈키 미에키치는 좀 더 많은 창작동화가 쓰이기를 기대했지만, 창작동화보다는 외국의 메르헨을 재화한 이야기나 설

화적 구성을 지닌 이야기가 훨씬 많았다. 그 자신도 창작동화보다는 세계 여러 나라의 메르헨을 더 많이 재화하였다. 그는 「몸통 빵빵이, 팔다리 쭉쭉이, 눈번쩍이」, 「호수의 여인[湖水の女]」, 「마법물고기」, 「마타보애[またぼあ]」, 「별의 예언[星の予言]」, 「마리아 이야기[摩以亜物語]」 같은 작품들을 차례로 실었고, 이러한 작품들은 독자들의 많은 사랑을 받았다.

스즈키 미에키치는 이러한 이야기를 단순히 번역만 하지 않았고, 새로운 창작을 많이 가미하여 섬세하고 고상한 글과 그림이 어우러진 이국적이고도 아름다운 동화의 세계를 만들어냈다.

물론 모든 작품이 민담이나 전설, 원작이 있는 재화는 아니다. 그중에는 아리시마 타케오가 쓴 「한 송이 포도」같이 뛰어난 창작 작품도 있다. 『빨간 새』는 원작을 확실히 표기하지 않았고, 또한 재화한 작품이 뛰어나 그 자체가 원작같이 되어 버린 경우도 있다. 따라서 어떤 것을 창작이라고 규정지어야 할지 곤란한 점이 많다. 일단, 여기에서는 작가의 창작이라고 여겨지는 작품 가운데 어린이가 주인공인 동화를 선정하였다. 그리고 어린이가 등장하지 않더라도 상징하는 의미나 문장 표현이 『빨간 새』의 특징을 잘 보여주는 것이라면, 포함시켜서 238편을 뽑았다. 원칙적으로 재화 작품은 제외하였지만 경우에 따라서 넣은 것도 있다. 문학 작품을 형식에 얽매여 구분하는 것은 불가능하기 때문에 선택 기준이 조금 애매해도 어쩔 수 없다. 어쨌든 『빨간 새』 대표작은 거의 넣었다고 생각한다. 이들 작품에 그려진 '어린이들'의 이미지(혹은 동화세계의 이미지)는 다양하였지만, 크게 세 가지 정도로 구별할 수 있었다.

기본 이미지

　첫째로 '착한 어린이' 또는 '선하고 착함'의 이미지로 묶을 수 있는 집단이다. 예를 들면 다른 사람에게 상냥한 어린이, 효도하는 어린이, 노력하는 어린이, 반성하는 어린이들이다. 그들은 모두 '착한 어린이들'이다. 더 간단히 말하면 '착한 어린이'는 사회·도덕적 가치에 동조하는 어린이이다. 하지만 『빨간 새』에 나타나는 착한 어린이는 전통 유교사회의 도덕이 아니라 오히려 서양의 새로운 시민사회형 도덕을 표현한다. 이것이 『빨간 새』의 특징 중의 하나이다.

　다음으로는 '약한 어린이' 혹은 '연약함'의 이미지에 속하는 집단이다. 혼자서 끙끙대며 고민하는 마음이 약한 어린이, 병이 든 어린이, 가난한 어린이, 학대받는 어린이들이다. 『빨간 새』에 나타나는 특색 중의 하나는 약한 어린이들에게 많은 관심을 보이는 점으로 '약한 어린이'를 주인공으로 한 작품이 많이 있다. 게다가 주인공이 약함을 끝까지 극복하지 못하고 끝나버리는 이야기도 꽤 된다. 어린이들을 어른의 미완성으로 보면 어린이가 어른과 비교하여 약한 존재라는 생각은 당연하지만, 『빨간 새』에서 특히 '약함'을 강조하는 배경에는 더 깊은 의미가 감추어져 있는 것 같다.

　마지막으로 '순수한 어린이' 또는 '순수함'의 이미지로 묶이는 집단이다. 스즈키 미에키치는 '진실한 순수[眞純]', '순수한 심성[純性]', '순수한 아름다움[純麗]' 같은 말을 좋아해서 『빨간 새』의 좌우명이나 '통신'란에 어린이나 어린이 책을 표현하는

데 자주 사용하였다. '순수한 어린이'도 『빨간 새』 어린이를 대표하는 유형 중의 하나이다. 물론 '순수함'은 근대문학에 나타나는 어린이 이미지의 정형이긴 하다. 하지만 『빨간 새』에서는 어린이의 순수함 자체를 그리기보다는 오히려 순수함을 구현하는 존재로서 어린이를 상징적으로 취급하는 일이 많다.

물론 이 세 가지 기본 이미지는 서로 배타적이지 않다. 경우에 따라서는 두세 가지가 겹쳐서 나타난다. 즉, '착한 어린이'이면서 '순수한 어린이'도 있고, '순수한 어린이'이면서 '약한 어린이'도 있다. 오히려 나오는 횟수로 말하면 복합 타입이 훨씬 많으며 이미지가 확실하지 않은 '읽기용' 작품도 더러 있다. 이러한 각각의 이미지 관계를 그림으로 나타내면 다음과 같이 될 것이다. 다음 글에서는 이 세 가지 이미지를 지표로 하면서 『빨간 새』의 어린이들을 소개하겠다.

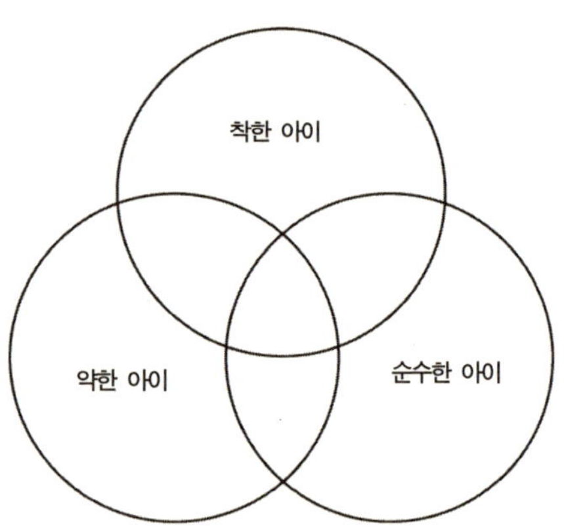

2. 착한 어린이의 두 가지 형태―『소년클럽』과 비교하여

시민사회형 도덕

『빨간 새』의 '착한 어린이'들의 대부분은 이미 언급한 것처럼 서구 시민사회형 도덕에 동조하는 '착한 어린이'로 그려진다.

예를 들면 아리시마 이쿠마의 「장군 아들과 경찰 아들[大将の子と巡査の子]」(1918년 10월)에서는 사회 지위에 구애받지 않는 인간 평등이 주제이다. 육군대장 아들 다케오와 경찰 아들 우시마츠는 사이좋은 친구였는데, 어느 날 누구 아버지가 더 훌륭한가를 말하다가 말싸움이 난다. 둘 다 자신의 아버지가 훌륭하다고 양보하지 않아 싸울 뻔 한다. 그런데 둘이 집에 돌아가 자신의 아버지에게 물어보니, 다케오의 아버지는 경찰이 훌륭하다고 하고 우시마츠의 아버지는 육군대장이 훌륭하다고 대답한다. 어린이들은 상대방의 아버지가 훌륭하다는 말을 듣고 실망하지만 학교에서 만나 서로 사과한다. 그러나 이번에는 상대방 아버지가 훌륭하다고 양

「장군 아들과 경찰 아들」 삽화

보하지 않아 결론이 나지 않는다. 선생님에게 상담하니 선생님은 "각자 자신의 아버지가 훌륭하다"고 대답한다. 그리고 도덕 시간에 "선생님은 육군대장이 훌륭한지 경찰이 훌륭한지 쉽게 구별할 수 없습니다. 왜냐하면 훌륭한 육군대장도 있고 훌륭한 경찰도 있듯이, 그렇지 않은 육군대장과 경찰도 있으니까요"라고 하면서 누구나 자신의 단 하나뿐인 아버지, 어머니가 가장 훌륭하다고 가르친다. 그제서야 겨우 이해한 어린이들은 점점 더 사이가 좋아진다.

이 이야기에는 어린이 두 명과 어른 네 명이 등장한다. 다케오 집의 서생은 "도련님, 그런 것도 모릅니까? 당연히 육군대장이지요" 하고 주장하고, 또 우시마츠의 아버지도 "육군대장이 당연히 훌륭하지. 너도 열심히 공부해서 대장이 되어라"며, 사회적 신분이 상승될 수 있다고 가르친다. 두 사람은 일반적인 사회 통념의 대변자이다. 여기에 비해 작자와 같은 계층에 속하는 육군대장과 근대 국가의 교육장치인 선생님은 서구적인 평등정신을 어린이들에게 전달하려고 한다. 그러나 우시마츠의 아버지도 자신의 직업이 어떻든 아이들에게는 입신출세 기회가 평등하게 있으며 자신의 아이도 가능성이 있다고 생각한다. 또 주인공인 두 어린이도 대등하게 그려지는데, 귀에 사마귀가 있어 '사마귀'라는 별명이 있는 다케오와 귀가 커서 '토선생'이란 별명이 있는 우시마츠는 "사마귀 귀에 귀 큰 토선생, 귀가 이상한 애들끼리 사이가 좋구나" 하고 똑같이 놀림받는다. 그런데 두 어린이들은 어느 쪽 아버지의 말도 이해하지 못하다가, 나중에 선생님의 말에 고개를 끄덕인다. 두 어린이들은 학교 공간에서 평등하며, 학교에서 배운 시민형 모델에 고분고분 동조하는 '착한 어린이들'이다.

평화와 휴머니즘

제1차 세계대전이 끝나 세계적으로 평화로운 분위기가 되자 우애와 세계주의를 그린 작품도 생겨났다. 에쿠치 치요[江口千代]의 「세계동맹(世界同盟)」(1919년 3월)이 그런 작품이다. 이 작품에서는 어린이들이 각각 미국·영국·일본 같은 나라가 되어 동맹을 맺고 서로 도와주며 친절히 대하고 사이좋게 지낸다. "여자도 동맹국에 넣어 남자가 보호하자"며 '일본'이 된 소년의 여동생을 '티벳'으로 삼는데, 당시의 남녀 관과 제국주의 시각도 엿볼 수 있다.

마지막에는 "이렇게 어느새 마을 아이들은 남자도 여자도 모두 동맹국이 되었습니다. 그러므로 이 마을에서는 아이들끼리 싸우는 것을 보려고 해도 볼 수 없습니다. 하물며 나쁜 장난을 치는 아이는 한 명도 없습니다" 하고 쓰여 있다. 이것만 보면 관념적인 '착한 어린이' 이야기로 도저히 현실감이 느껴지지 않는다.

하지만, 한편으로 작가는 어린이들을 세계시민, 새로운 평등질서의 체현자로 그려낸다. 아이들은 "패전국 독일도 어린이들 나라에서는 짐승 취급해서는 안 된다. 큰 나라도 작은 나라도 똑같은 나라"라고 주장한다. 또 채소 가게 점원은 동맹에 참가하고 나서는 친구로 대접받아 존댓말을 쓰지 않아도 되니 '오랫동안

굽어 있던 몸이 완전히 퍼진 것 같아'서 얼굴빛이 밝아진다.

이러한 근대 시민형 도덕은 때로는 너무 관념에 치우친 나머지 내용이 기묘하게 전개되기도 한다. 미즈키 쿄타[水木京太]의 「동정학교(同情学校)」(1924년 4월)는 휴머니즘에 대한 이야기인데, 『빨간 새』의 '착한 어린이'에 대한 관념만은 잘 표현된 작품이다.

이 동정학교는 미스 클라라라는 노부인이 경영하는 학교이다. 주인공 '나'는 학교를 참관하러 갔다. 쉬는 시간이라는데, 학교는 쥐 죽은 듯이 조용하고 창문으로 들어오는 햇살마저 서늘해서 뭔가 불행한 일이 있었던 집 같은 느낌이다. 눈이 보이지 않는 아이도 있고 목발을 짚은 아이도 있다. 친구들이 이것저것 도와주고 싸움을 걸거나 약한 아이를 괴롭히지도 않는다. 하지만 어찌된 일인지 모두 몸이 불편해 보이고 병도 있는 것 같다.

사실은 "불행한 사람한테 마음속에서 우러나오는 동정을 할 수 있으려면 불행한 사람 속에서 생활해 보아야 한다"는 미스 클라라의 방침으로 '맹인의 날'과 '벙어리의 날', '절름발이의 날'의 당번을 정하여 실제로는 건강한 학생이 차례로 그 역할을 연기하는 것이었다. '나'는 아이들이 다정하게 서로를 배려하는 모습을 보고 감탄하여 내 아이도 '동정학교'에 입학시키려고 결심한다.

물론 상대의 입장을 이해하고 동정심을 갖는 것은 소중하다. 하지만 이 작품에서는 '동정'하는 방식이나 '불행이 있었던 집 같은' 학교의 음울한 느낌은 전혀 문제삼지 않는다. 또 어린이들이 '병에 걸린 것이 아닐까 하고 생각될 정도로 우울한 얼굴'로 얌전히 놀고 있는 모습도 긍정적으로 그려진다. 외국인 여성

미스 클라라가 경영하는 학교라는 점에서 알 수 있듯이, 외국에서 수입된 휴머니즘을 관념적으로 설명한다.

『소년클럽』의 착한 어린이

『빨간 새』와 『소년클럽』의 '착한 어린이'를 비교하면, 두 잡지 사이에 명확한 차이를 찾아낼 수 있어 매우 흥미롭다. 『소년클럽』은 고단샤의 전신인 대일본웅변회[大日本雄弁会]가 1914년(다이쇼 3)에 창간한 아동잡지로 '재미있고 유익하다'는 슬로건을 내걸었다. 1923년(다이쇼 12)부터 급속히 매출이 올라, 다른 잡지를 압도하고 아동잡지의 왕좌를 차지하였다. 1935년(쇼와 10) 전후의 절정기에는 신년호의 발행 부수가 70만 부에서 75만 부나 되었다. 확실히 한 시대를 풍미한 잡지였다.

『소년클럽』의 '착한 어린이'는 대표 걸작 중의 하나인 사토 코로쿠의 「아아, 옥잔에 꽃을 띄우고」에서 전형을 볼 수 있다. 주인공은 두부집 꼬마 아오키 센죠, 그리고 친구인 우라와 중학교 우등생 야나기 코이치, 깡패이며 꼬마를 괴롭히는 나쁜 아이 사카이 이와오, 이렇게 세 사람이 중심이 되어 이야기가 전개된다. 아오키 센죠는 머리가 좋지만 가난하기 때문에 중학교에 진학할 수 없다. 그러나 두부를 만들면서 부지런히 노력하여 검정고시를 통과해서 고등학교에 입학한다. 야나기 코이치는 말과 행동이 모두 우등생으로 정의파이며, 아오키 센죠와 뜨거운 우정을 나눈다. 사카이 이와오는 존경하는 아버지가 나쁜 일을 했다는 것을 알고 나자 자신의 잘못을 깨닫고 착해진다. 고학하여 명예를 얻는 센죠, 남자답고 소탈한 이와오.

이 잡지가 지향하는 바는 각각 자신이 처한 어려움을 극복하고 세 사람이 나란히 고등학교에 입학하는 것을 보여주는 입신출세주의, 우라와 중학교 대 모쿠모쿠학교의 야구 시합 때 보이는 의협심, 당당한 태도에서 명확하게 볼 수 있다.

『소년클럽』은 소년들에게 '위대한 사람'을 이상으로 삼으라고 말한다. "위대한 사람이 되지 않으면 죽을 수도 없으며, 죽어도 초목과 함께 썩을 수 없다는 생각을 지니고, 평생 동안 자신을 채찍질 할 수 있도록 마음의 기둥을 만들어 주는 것"(「본서의 편집 방침[本書の編集方針]」, 1915년 4월)을 목표로 하였다.

사토 타다오[佐藤忠男]는 아동잡지의 독자론으로서는 획기적 의미를 갖는 「소년의 이상주의에 대해서[少年の理想主義について]」라는 논문에서 그것을 '입신·영웅주의'라고 하였다. 사토 타다오는 어렸을 때『소년클럽』에 "혼을 빼앗겨 오가와 미에이와 츠보다 죠지의 작품은 따분하기만 했다"고 하였다. 그리고 이런 자신의 경험을 바탕으로『소년클럽』을 분석하여 소년들을 열광시킨 매력이 무엇인가를 찾으려고 하였다. 그는『빨간 새』와『소년클럽』을 비교·고찰하여 문학적 평가가 높았던『빨간 새』와 달리 거의 주목받지 못한『소년클럽』을 밝은 곳으로 끌어내었다. 그리고『소년클럽』을 소년들을 사로잡은 매력이 흘러넘치는 잡지로 다시 평가하였다.

사토 타다오에 따르면, 소년시절에 자신들이 찾고 있었던 것은 '소년(少年)도 알 수 있는 모습을 한, 또는 소년이기 때문에 알아 볼 수 있는 모습을 한 강렬한 관념'이며, '정의·인간·국가·죽음, 이런 것들이 우선 문제'였다. 사토 코로쿠가 역설하는 우정과 난관을 두려워하지 않고 소중히 여기는 자세, 오사라기 지로[大仏次郎]가 말하는 약자의 편에 서는 무협정신, 다카가키 히토미[高垣眸]와 난요 이치로[南洋一郎]의 모험소설 주제인 용기와 남자다움, 시마다 케이조[島田啓三]의 『모험 단키치[冒険ダン吉]』에 나타나는 '남진사상과 분방하고 활달한 창조적 활동에 바탕을 둔 건설정신', 이처럼 『소년클럽』의 작품에는 '어린이들이 주체적으로 참여할 수 있는 관념'이 명확한 형태로 나타나 있다. 『소년클럽』은 소년(少年)을 보호받는 존재가 아니라, 사회적으로 독립한 하나의 인간으로 다루고 소년들에게 확고한 관념을 제시하였다. 소년들의 자아 형성에 적극적으로 관여하였으며, 소년들은 이것을 열광적으로 받아들였다.

이러한 시각에서 본다면 『빨간 새』는 '소박하며 경험에 따른 일상의 자잘한 일'을 그린 '세련된 노인 취향으로, 섬세하게 가공된 마음 착한 아동문학'에 지나지 않았다. "언제까지라도 지금 가진 동심을 소중히 하라"고밖에 말해주지 않는 『빨간 새』의 동화는 소년 사토 타다오에게는 아무런 감동을 주지 못하였으며, 오히려 "독자를 바보 취급하는 느낌조차 들었다."(『소년의 이상주의[少年の理想主義]』)

두 개의 이상주의

그러나 유교적인 도덕을 배경으로 한 입신출세주의, 영웅주의는 결국 군국주의를 향해서 일직선으로 달려가게 마련이다.

일찍이 사회학자인 미다 슈스케[見田宗介]는 입신출세주의는 일본 근대를 주도한 정신이며, 서양의 '프로테스탄티즘의 윤리'에 기능적으로 대응한다고 논하였다. 그리고 입신출세주의는 두 개의 기능을 지닌다고 지적하였다. 즉, 소극적으로는 천황제 국가의 여러 모순을 감싸주며, 적극적으로는 '위에서 아래로 행해지는 산업혁명'으로 산업화되어 가는 일본사회를 더욱더 심화시키는 추진력이 된다(「입신출세주의의 구조[立身出世主義の構造]」, 『현대 일본의 심정과 윤리[現代日本の心情と倫理]』).

이 입신출세주의에 대한 미다 슈스케의 논리는, 의리를 내세우는 의협적 정의인 『소년클럽』의 영웅주의에 그대로 적용된다.

사토 다다오의 논리대로 『소년클럽』의 이상은 입신출세와 영웅주의였으며, "개인의 야심 추구와 국가의 융성이 서로 행복하게 조화"(미다 슈스케)를 이루는 데 기반을 두고 있었다. 따라서 국가라는 틀을 넘어서는 보편주의를 가질 수 없었다.

『빨간 새』에는 『소년클럽』에 항상 등장하는 '착한 어린이'가 거의 나오지 않는다. 특히 입신출세를 위해 열심히 노력하는 어린이는 전혀 없다. 기우치 타카네[木内高音]의 「열쇠의 꽃[鍵の花]」(1928년 3월)처럼 근면을 장려하는 동화가 있긴 하지만, 몇 편 되지 않는다. 그것도 손에 넣을 수 없는 꿈을 쫓아 힘들게 살기보다는 성실하고 즐겁게 일하는 것이 더 행복하다는 내용이다. 그러므로 근면을 장려한 내용이라고 말하기는 어렵다. 나가타 히데오[長田秀雄]의 소년소녀 연극 「지옥극락(地獄極楽)」(1920년 10월)에는 사정없이 혹사당하는 대장간 점원과 그를 괴롭히는 대장장이의 딸이 등장한다. 이 연극에서 입신출세라는 말이 나오지만, 그 말도 대장장이 딸의 꿈에서 염라대왕이 나쁜 짓을 한 아이는 지옥으로 떨어뜨리고, 고생하는 아이는 입신출세시킨다고 말하는 데 사용된 것뿐이다. 이 작품은 딸과 염라대왕이 주고받는 대화와 딸의 반성이 주된 내용이다.

물론 예전 도덕 가치에 충실한 어린이도 있다. 가미츠카사 쇼켄[上司小劍]의 「잉어[鯉]」(1922년 7월)에서는 아버지의 병을 고치기 위해, 부잣집에서 잉어를 훔쳐 아버지에게 먹이는 효성스런 아이가 나온다. 또 기쿠치 칸[菊池寬]의 「하츠타로의 독수리[八太郎の鷲]」(1923년 1월)에 나오는 하츠다로는 "지금까지 용감하게 살아왔기 때문에, 죽을 때도 용감하게 죽으려고 했습니다. (…중략…) 마치 일본 무사가 죽음에 직면했을 때처럼"에서 볼 수 있듯이, 용감한 무사정신을 보여준다. 강하고 용맹스런 영웅 행위를 보여주는 어린이는 설화나 서양 동화의 재화에서는 '작은 어른' 타입으로 등장한다. 하지만 창작동화에서는 기쿠치 칸의 세 작품(「미야모토 무사시와 용감한 소년[宮本武裝と勇少年]」·「함장의 아들[艦長の子]」·「하츠타로의 독수리」) 이외는 거의 볼 수 없다. 『빨간 새』가 말하는 이상주의는 「장군 아들과 경찰 아들」과 같은 평등주의나 「세계동맹」과 같은 세계주의에서 볼 수 있듯이 더 보편적이며, 일반 상황을 초월하는 성격을 가진다. 그런 점에서는 단어의 본래 의미에 가까운 이상주의라고 하겠다.

그러나 앞에 서술했듯이 많은 소년들이 실제로 '혼을 빼앗긴' 것은 『소년클럽』이었다. 『소년클럽』에서 볼 수 있는 군사애국소설의 성격을 사회학자인 이토 키미오[伊藤公雄]는 U. 에코(Eco, Umberto)의 표현을 빌려 '열린 이데올로기 장치'로 규정하였다. 그

리고 "작가의 메시지가 작품이라는 매체를 통해 독자에게 전달될 때, 한 쪽만의 일방적인 흐름이 아니라…… 작가와 독자의 대화가 이루어지고, 그 과정에서 작가와 함께 독자가 작품을 창출하는 일이 가능하면 할수록 그 작품은 열려 있다"고 말한다(「열린 이데올로기 장치—매체로서 소년 군사애국소설[開かれたイデオロギ装置—メデイアとしての少年軍事愛国小説]」, 『휘파람과 군화—천황제 파시즘의 얼굴[口笛と軍靴—天皇制ファシズムの相貌]』). 이 관점에서 보면 『소년클럽』의 독자들은 일방적으로 전달되는 '적나라한 메시지'를 그저 받아들이는 것이 아니라, '능동적으로 작품세계에 들어가 주인공을 자신으로 여기고 상상력을 발휘하여, 작품의 세계를 스스로 창출'하면서, '자신의 정의감에 따라서 주인공들을 둘러싼 상황을 분석하고 인식'하였다.

그것에 비해 『빨간 새』가 주장한 이상주의는 「세계동맹」이나 「동정학교」에서도 볼 수 있듯이 지나치게 관념으로 치우쳐, 어린이들이 현실 생활에서 그 감각을 살려내기 어려웠다. 이런 점에서는 독자인 어린이들을 사로잡는 힘이 『소년클럽』보다 매우 부족하였다.

반성하는 착한 어린이, 인정 많은 착한 어린이

『빨간 새』에서는 이상을 실현하기 위하여, 적극적으로 행동하는 착한 어린이는 적다. 대다수의 착한 어린이는 소박함, 상냥함, 동정, 반성하는 태도와 같은 내면 속성으로 특징지을 수 있으며, 행동보다도 오히려 내면 문제가 강조된다.

예를 들면 기쿠치 칸의 「낫토[1]
싸움[納豆合戰]」(1919년 9월)과 아리
시마 타케오의 「한 송이 포도」
(1920년 8월)에는 자신의 행동을 반
성하는 '착한 어린이'가 등장한다.
두 작품 모두 작가가 자신의 어린
시절을 회상하면서 잘못을 뉘우
치는 과정을 독자에게 고백하는
형식을 취한다.

「낫토 싸움」에 등장하는 아이
들은 처음에는 꽤나 장난꾸러기
들이었다. 그들은 장님할머니에게
2전 짜리 낫토를 1전으로 속이고

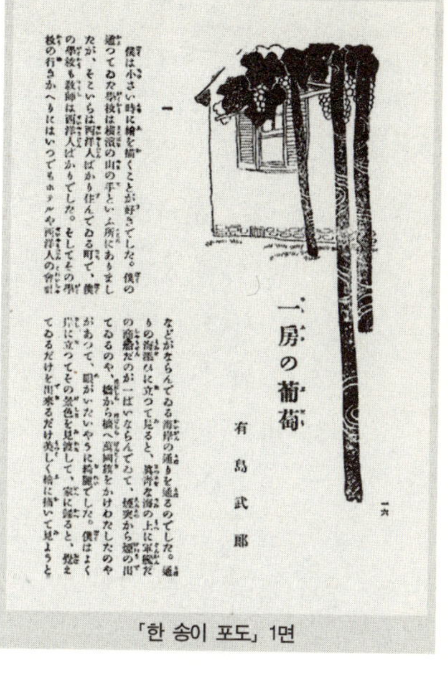

一房の葡萄

有島武郎

僕は小さい時に繪を描くことが好きでした。僕の通つてゐた學校は横濱の山の手といふ所にありました。が、そこいらは西洋人ばかり住んでゐる町で、僕の學校も敎師は西洋人ばかりでした。そしてその學校の行きかへりにはいつてもホテルや西洋人の會社などがならんでゐる海岸の通りを通るのでした。通りの海添ひに立つて見ると、碧青な海の上に軍艦だの商船だのが一ぱいならんでゐて、煙突から煙の出てゐるのや、檣から檣へ萬國旗をかけわたしたのやがあつて、眼がいたいやうに綺麗でした。僕はよく岸に立つてその景色を見渡して、家に歸ると、覺えてゐるだけを出來るだけ美しく繪に描いて見ようと

一六

「한 송이 포도」 1면

사서는, 낫토를 던지면서 전쟁놀이를 한다. 이렇게 날마다 낫토
를 던지며 놀다가 결국 경찰에게 들켜서 야단맞는다. 그런데 피
해자인 할머니가 오히려 아이들을 두둔해준다. 그것을 보고 아
이들은 '반성'하며 무리를 끌고 다니던 골목대장조차 조금 얌전
해진다. 주인공인 '나'는 낫토를 즐겨 먹지도 않으면서, 엄마를
졸라 아침마다 할머니에게 낫토를 산다. 끈적끈적한 낫토를 서
로 던지는 놀이가 정말로 즐거웠을까? 시코쿠 카가와 출신 기쿠
치 칸이 말하는 낫토에 대한 사실성은 약간 의심스럽기도 하다.
「한 송이 포도」의 주인공 '나'는 그림을 그리는 것을 좋아한

---

1) 푹 삶은 메주콩을 볏짚 같은 것에 넣고 띄운 식품.

다. '나'는 마음껏 바다 경치를 그리고 싶은 마음에 학교 친구인 짐의 서양 그림 도구를 훔친다. 결국 탄로가 나서, 선생님 방에 끌려간다. 그러나 아름다운 서양인 여선생은 후회하며 불안해하는 나를 엄하게 꾸짖지 않고, 포도 한 송이를 주면서 용서해 준다. 모두 읽어서 알고 있듯이, 상냥하고 총명한 선생님의 사랑이 마음 약한 소년을 구하고, 학교친구들을 관용의 정신으로 이끈다는 사랑이야기이다. 주인공 소년은 스스로 말하듯이 '몸도 마음도 약한 어린이'이지만 자신의 행위를 부끄러워하고 솔직하게 반성하는 '착한 어린이'이다.

또 감수성이 예민하고 다른 사람과 주위 세계에 따뜻한 마음을 갖고 있는 어린이들도 '착한 어린이'에 속한다. 「낫토 싸움」에서 할머니에게 낫토를 사는 '나'와 자신의 몫으로 남아 있는 하오리[2] 띠를 '팔고 남은 것'이라며, 가난한 손님에게 싸게 깎아 주는 점원 미요코(기우치 타카네, 「섣달 그믐밤[大晦日の夜]」, 1926년 12월)가 이런 아이들이다.

더욱이 가지 료스케[加治亮介]의 「코가 벗겨진 목마[鼻白の木馬]」(1928년 5월)에 이르면, 이런 상냥함은 인간에 대한 동정을 넘어서, 목마에게도 감정이 이입된다. 주인공 노부요시는 유원지 청소부인 할아버지와 둘이서 산다. 회전목마 중에서 코가 벗겨진 목마를 좋아하는데, 목마지기 할아버지는 그것을 알고는 언제나 돈을 받지 않고 태워준다. 사실은 이 코가 벗겨진 목마는 고장나서 다른 목마처럼 아래 위로 움직이지 않기 때문에 손님이 없

---

2) 일본 옷 위에 입는 짧은 겉옷.

다. 노부요시는 그것을 불쌍히 여기고 타는 것이다. 그러나 어느 날 회전목마는 새것으로 바뀌고 코가 벗겨진 목마는 없어져 버린다. 착한 목마지기 할아버지도 다른 사람으로 바뀐다. 노부요시는 코가 벗겨진 목마에게 미안한 마음이 들어 새 목마를 타지 않는다.

장님 할머니와 가난한 여자 손님과 목마처럼 각각 대상은 다르지만, 상대의 불행을 느낀 아이들은 자신의 따뜻한 마음을 전하고 싶어 여러 가지 궁리를 한다.

내면성의 중시

이 같이 내면성이 중시되는 것은 반드시 '착한 어린이'만의 특징은 아니다. 「한 송이 포도」의 주인공은 '몸도 마음도 약한 아이'였기 때문에 학교 친구의 그림 도구를 훔치고 죄의식에 괴로워한다. 다음 장에서 이야기할 '약한 어린이'도 약한 탓에 괴로워하며 좌절도 한다. 『빨간 새』에 게재된 작품들은 단편인 탓도 있지만, 스토리의 극적인 전개보다도 주인공의 내면이나 감정 변화에 역점을 둔다. 설령 '약함' 때문에 발생한 일일지라도, 내적 갈등은 오히려 바람직한 일인 것처럼 보인다. 아마 거기에는 당시에 일어난 '다이쇼 교양주의'의 영향이 있는 것 같다.

다이쇼 교양주의는 다이쇼기의 지식인들에게 보이는 사상의 측면에서 보자면, 일본 근대 사학자인 고야마 히토시[小山仁示]의 말대로, '동서고금의 모든 문화를 통틀어 보편적 내용을 획득하고, 내면세계의 확립에 중심과제를 두었다.' 메이지 말년 이

후 유교적 생활양식이 붕괴되고 서양문화가 급격히 유입되는 가운데 생겨났으며, "국가·사회로부터 스스로를 단절시키고 개인적인 인격 양성에 힘쓰는 것"에 중점을 두고 "국가주의에 반대하여 세계주의를 주장"하였다(「다이쇼 데모크라시의 통합과 분화[大正デモクラシーの統合と分極]」, 『근대일본사회사상사 II[近代日本社会思想史 II]』). 이 사조를 대표하는 사상가 중의 한 사람으로 아베 지로[阿部次郎]가 있다. 그는 내적 반성의 일환으로 자기 해부를 시도하여 '약 6년간에 걸친 내면생활의 직접 기록'인 『산타로의 일기[三太郎の日記]』를 1914년(다이쇼 3)에 출판하였다. 이 『산타로의 일기』 중 '내면 도덕'의 항목에서 그는 '외면 도덕'을 피하고 '내면 도덕'의 가치를 지향하였다. 그는 이렇게 말한다.

> 외면 도덕의 세계에서는, 몰래 간음하는 자는 자신의 간음을 고백하는 자를 조롱하고 압박하며 감시하고 위험하게 여길 수 있는 권리를 가진다. 그들은 위선이라는 외면 도덕의 최고 미덕을 지니고 있기 때문이다. (…중략…) 그러나 내면 도덕의 세계에서 보면, 참회하는 자는 두말할 것도 없이 예술면에서 성실하기 때문에 간음을 고백하는 자도 위선자보다 훨씬 더 낫다. 그들은 적어도 참회와 성실을 미덕으로 지녔기 때문이다.

아베 지로의 말을 빌리면, 우리들은 「한 송이 포도」에서 '도덕적 참회'와 '예술적 성실'이라는 두 측면을 찾아낼 수 있다. 『빨간 새』의 어린이들에게서 발견되는 내면을 향한 관심과 내적갈등에 대한 긍정은 '참회와 성실의 미덕'이 높게 평가되는 것과 밀접한 관련이 있다.

약자의 철학

아베 지로의 사상은 결국 '인격주의'로 집약된다. 1922년(다이쇼 11)에 출판된 아베 지로의 저서 『인격주의(人格主義)』에 따르면, 인격주의란 '이상주의의 내용을 더 구체적으로 규정한 말'로 '적어도 인간 생활에 관한 한 인격성장과 발전을 으뜸가치로 삼아야 하며, 이 첫 번째 가치의 관련 여부에 따라 다른 모든 가치의 의의와 등급을 결정하려는 것'이라고 한다. 그러나 추상적 인격주의의 논리는 현실 문제에 직면하면 무력해져 문제 핵심에서 벗어나거나 종교 색채가 강해져 버린다. 그에 따르면 경제생활의 가장 근본 문제는 생존권 보장, 재화의 공공성, 노동의 향락화 또는 예술화, 생활의 단순화, 이렇게 네 가지이며, 이것이 '인격 생활의 조건'이다. 그리고 광부나 여공 같은 하류사회 사람들의 참상을 예로 들어 '이와 같은 희생노동에 종사하는 사람들의 인격적 행복을 도모하는 길이 우리들의 양심에 딱 맞는 문제'라고 하였다. 하지만 결론은 '어쨌든 양심의 가책이 없는 사회생활을 하기 위해서는 우리 사회에서 인격을 손상시키는 직업을 없앨 필요가 있다', '오늘날의 경제생활을 인격주의의 요구에 합당하게 만들기 위해서는 허영심을 억제하고 생활을 단순하게 하는 방향으로 노력해야 한다'는 것이었다.

이러한 논리는 당시 예리한 평론가이며 마르크스주의자였던 다케우치 히토시[竹内仁]에게 강하게 비판받았다. 그는 논문 「아베 지로의 인격주의를 비판한다[阿部次郎の人格主義を難ず]」(『신조(新潮)』, 1922년 2월호)에서 가와카미 하지메[河上肇]가 스스로 내팽

개친 『가난이야기[貧之物語]』의 심적 개조론이 10년 후에 철학자 아군을 얻었다고 하였다. 또 인격주의가 역사에서 가지는 사명은 노동자와 자본가의 참혹한 계급투쟁의 전쟁터에서는 적십자(赤十字)가 된다는 아베 지로의 말을 들어, 이 '적십자적 태도'야말로 인격주의가 가지는 방관적이며 불철저한 성격과 이데올로기 성향을 확실히 보여주는 것이라고 논박하였다.

아베 지로 사상의 근본에는 '약자의 철학'이 있다고 지적한 사람은 우에야마 슌페이[上山春平]인데, 그의 말에 따르면, 그것은 아베 지로만이 아니라 다이쇼기 지식인 모두의 공통점이었다(『일본의 사상[日本の思想]』). '스스로를 약자로 인정하며, 약함을 아는 것이 약함을 모르는 가짜 강자보다 우월하다'는 '약자 철학'의 논리가 현실 문제와 결부되면 조금은 '적십자적 태도'를 취하게 된다. 『빨간 새』에 등장하는 어린이들 대부분이 목적을 향해서 돌진하는 타입이 아니라, 단지 일상생활에서 다른 사람에게 상냥하게 대하며 동정심이 많은 '착한 어린이'로 그치는 이유가 여기 있다.

3. 약함과 정의

약함의 감수성

『빨간 새』에는 '약한 어린이'가 자주 등장한다. 사회 밑바닥에서 학대받는 아이, 운명에 휩쓸린 무력한 아이, 마음이 약한 탓에 사건을 일으키고 갈등하는 아이……, 주인공이 가지는 약함이나 약자의 비애가 작품의 중심 테마가 되는 동화는 238편 중에 73편이며 전체의 약 30%를 차지한다.

어린이들이 보여주는 이러한 '약함'을 크게 나누어보면, 외적 상황 요인으로 생기는 것과 어린이들 자신의 내적 주체 요인으로 생기는 것, 이렇게 두 종류가 있다. 전자는 다시 가난한 집 아이들이나 고아와 같이 사회 약자인 경우와 부모와 선생님, 친구들 같은 인간관계에서 어린이들이 약한 자의 자리에 서게 되는 경우로 나누어진다. 또 후자는 어린이 자신이 내면적·정신적으로 약한 경우와 병이 들어 몸이 약한 경우로 구별된다.

사회 약자로서 그려진 어린이들에는 우노 코지 작품 「천국의 꿈[天国の夢]」(1923년 7월)의 산타로와 시모무라 치아키[下村千秋] 작품 「곡마단의 토츠텐칸[曲馬団のトツテンカン]」(1928년 9월~11월)의 고키치, 키에짱이 있다. 「천국의 꿈」의 산타로는 대장간에서 맡아 기른 고아로 아침부터 밤까지 혹사당하며 잠이 들어서도 학대받아 눈이 머는 꿈을 꾼다. 그래서 그는 꿈같은 것은 꾸지 않고 단지 잠만 자기를 바란다. 또한 고키치도 대장간에서 괴로운 날들을 견디다가 결국 도망쳐서 곡마단에 들어간다. 그는 거기에서 코끼리 사육사가 되어 '토츠텐칸'으로 불리면서 인기인이 된다. 하지만 그에게 친절하게 대해 주던 곡예사 소녀 키에짱은 곡예를 그르친 뒤 밥을 제대로 얻어먹지 못해 몸이 약해져 죽고 만다. 이 작품들에서는 어린이들은 어른 밑에서 일하면서, 사회와 어른의 압력에 굴복하는 매우 약한 존재로 그려진다.

한편, 괴로운 생활 중에도 건강하게 살아가는 어린이들도 자주 등장한다. 예를 들면 호소다 겐키치[細田源吉]의 「도시로 나가 봤더니[都へ出てみたら]」(1925년 6월)에 나오는 주인공 오토키가 그런 소녀이다. 오토키는 어머니를 일찍 여의고 아버지는 항상 일하러 나간다. 오토키는 빈집을 지키며 동생에게 꿈 같은 도쿄 이야기를 상상하여 들려준다. 그러다가 진짜로 도쿄에 나가서 하녀가 된다. 하녀 생활은 너무 바빠서 동생에게 온 편지를 읽을 짬도 없다. 동생은 누이가 도쿄 생활이 너무 즐거워 자신에게 편지 쓰는 것도 잊었다고 원망한다. 오토키는 지쳐 쓰러질 지경이지만 도쿄 생활이 힘들다고 편지를 써서 보내지 못한다. 아버지 편으로 "오랫동안 편지를 쓰지 못했습니다. 아버지도 동생 히라짱도 건강하다니 다행입니다. 저도 여기에서 일 잘하고 있으니 안심하십시오. 무슨 일이 있어도 참고 견디라고 하신 아버지 말씀을 위안 삼아 잘 지내고 있습니다……" 하는 간단한 엽서만 쓴다.

어린이들의 슬픔

인간관계에서는 어린이인 것 자체가 약자가 되는 경우가 있다. 특히 어른과 어린이의 권력 관계에서는 더욱 그러하다. 어른에게 이해받지 못하고 불만을 가진 어린이도 그중 하나이다. 오하라 료[小原亮]의 「낙서(落書)」(1921년 10월)에서 주인공 데이지는 선생님에게 교실 문에 낙서한 범인으로 의심받지만, 친구가 증언해주어 겨우 누명을 벗는다. 하지만 데이지는 자신을 범인으로 지목한 선생님의 오만한 얼굴을 떠올리면, '자신이 정말로 죄를 지은 것 같은 공포감을 느껴 선생님을 좋아할 수 없다.' 학교 권력에서 데이지가 할 수 있는 저항은 겨우 '선생님을 좋아하지 않는' 정도이다. 독자들은 이후 그의 어두운 학교생활을 동정하지 않을 수 없다.

가노 사쿠지로[加能作次郎] 작품 「소년과 바다[少年と海]」(1920년 8월)의 주인공 다메키치는 매우 영리한 어린이지만 아버지(어른)에 대해서는 무력하다. 그는 하늘이 변하는 모양을 보고 큰 폭풍우가 올 것이라 여겨 어부인 아버지에게 말한다. 하지만 아버지는 어린이의 말이라고 상대하지 않는다. 다메키치는 혼자서 해변에 나가 배 고물 위에서 폭풍우를 상상하다가 갑자기 밀어닥친 큰 파도에 휩쓸려 죽는다. 해실 무렵 해변에서 다메기치의 시체를 태우는 연기가 피어오를 때 정말로 큰 폭풍우가 시작된다. 다메키치의 예지는 그가 어린이인 탓에 어른들에게 받아들여지지 않았으며, 결국 죽음으로 정당성을 증명할 수밖에 없었다.

약한 탓에 비뚤어지는 어린이도 있다. 지진으로 부모를 잃고 누이와 함께 숙부 집에 맡겨진 마츠오는 웬지 불편하고 마음이 허전하다. 숙모도 자신에게 냉정하게 대하고 누이들과 자주 싸운다. 어

『빨간 새』 표지(15권 4호)

느 날 벌레를 잡아서는 다리 두 개를 잡아 뜯어 도망가지 못하게 하고 놀고 있는데, 그것을 본 친척 형이 부드럽게 타이른다(나카무라 세이코[中村星湖], 「벌레를 잡는 아이[虫を取る子]」, 1926년 11월).

또 「문조(文鳥)」(츠츠미 후미코[堤文子], 1927년 9월)의 도시코도 마음이 약한 소녀이다. 도시코는 학급 반장이면서 건강하고 활발한 사촌 요시코와 뜻이 맞지 않는다. 요시코가 산 지 얼마 안 되는 자신의 문조를 막무가내로 가지고 싶어 하자 주고 싶지 않은 마음에 귀여워하던 문조를 일부러 날려 보낸다. 그리고 돌아오지 않는 새를 생각하며 운다. 강한 요시코에 비해 약한 도시코의 자기 주장은 겨우 소중한 새를 날려 보내는 것뿐이다. 도시코의 나약한 선택은 약함의 이미지를 또렷이 드러낸다.

약함의 가치

'약한 어린이' 이미지는 자주 감상주의와 섞인다. 대표적인 것이 요시다 겐지로[吉田絃二郎]의 작품이다. 그는 『빨간 새』에 동화 29편을 실었는데, 인상 깊은 어린이들이 많이 등장한다.

「오깅의 노래[お銀の歌]」(1922년 8월)의 주인공 오깅은 공장에서 일하는 고아 소녀이다. 오깅은 아침저녁으로 죽은 엄마에게 배운 대로 기도를 한다. "하느님, 저는 다른 사람을 위해 아무 것도 한 일이 없습니다. 만약 저를 불쌍히 여기신다면 오늘은 뭔가 착한 일을 할 수 있도록 해주세요." 한 달에 한 번밖에 없는 쉬는 날, 여공들은 아사쿠사로 곡예를 보러 가거나 활동사진을 보러가는데, 오깅 혼자서 찬송가를 부르면서 마을 길을 걸어간다.

"오깅의 목소리는 정말 아름다웠습니다. 오깅의 목소리를 듣고 있으면 아무리 커다란 슬픔에 잠긴 사람이라도 위로를 받았습니다. 아무리 마음이 나쁜 사람이라도 다시 마음이 착해졌습니다." 아내와 어린 자식을 버리고 여행을 떠나려고 했던 젊은이는 오깅의 노래를 듣고 가족의 품으로 돌아온다. 순례자에게 돈을 갈취하려던 강도는 손을 떼고, 장례식에서 유산 싸움을 하던 형제들은 다시 사이가 좋아진다. 또 자살을 하려던 장님 할아버지와 손자는 "웬지 세상이 밝아지는 것 같구나", "맞아요. 살아 있으니까 이런 아름다운 노래도 들을 수 있구요" 하며 자살하려던 마음을 접는다. 하루 종일 노래 부르면서 지낸 오깅은 기분 좋게 지쳐서 공장으로 돌아온다. 그리고 항상 하던 대로 기도하고 잔다.

또 「항아리 만드는 가키마루[壺作りの柿丸]」(1923년 8월)에서는 힘이 센 도라마루와 힘이 약하고 착한 가키마루의 이야기가 번갈아가며 진행된다. 난폭하고 힘 센 것이 자랑인 도라마루는 무사가 되어 출세한다. 하지만 전쟁중 포로가 되어 힘이 세다고 노역을 당하다가 소에 받혀 죽는다. 한편, 착한 가키마루는 항아리 만드는 사람이 된다. 역시 포로가 되지만 힘이 약하기 때문에 감옥에 갇힌다. 가키마루는 감옥 쇠창살 밖에 자신이 만든 항아리에 물을 담아두고 물에 비치는 하늘과 꽃과 별을 보며 지낸다. 그러다가 그가 만든 항아리를 좋아하는 공주의 도움을 받아 풀려나는데, 공주에게 부탁해서 다른 포로들도 함께 고향으로 돌아온다. 그리고 자신은 옛날과 똑같이 계속 항아리를 만든다.

가키마루는 도라마루같이 스스로 운명을 개척할 만큼 강하지 않다. 항아리 물에 비친 자연을 보고 위안을 삼는 것을 보아도 끝까지 끌려 다니는 인생이다. 그러나 그가 가진 약함이 결국 자신과 많은 포로들을 구해낸다.

요시다 겐지로의 인기

요시다 겐지로

요시다 겐지로는 현재 거의 잊혀진 작가지만, 다이쇼기에는 대표적인 유행작가였다. 1917년(다이쇼 6) 『섬의 가을[島の秋]』이 출세작인데, 이후 쇼와 초기까지 젊은 층을 중심으로 독자가 많았다. 인기가 얼마만큼 대단했는가는 감상집 『작은 새가 오는 날[小鳥の来る日]』이 200쇄나 찍힌 일과 저작집이 1931년(쇼와 6)에서 1940년(쇼와 15)까지 『요시다 겐지로 전집』 전18권(신쵸샤[新潮社]), 『요시다 겐지로 동화집』 전5권(신쵸샤), 『요시다 겐지로 선집』 전8권(카이조샤[改造社]), 『요시다 겐지로 감상선집』 전10권(신쵸샤)이 연달아 출판된 일로도 알 수 있다.

「오깅의 노래」와 「항아리지기 가키마루」의 넘치는 감성은 동화만이 아니라 그의 소설의 주된 흐름이었다.

『섬의 가을』은 팔려오다시피, 지주의 처가 되어 운명에 휩쓸려 죽는 착한 여자 이야기이이며, 『도쿠상[德さん]』에서는 착한 양식집 요리배달원이 얼마 안 되는 돈을 훔쳐 달아난다. 그런데 주인공으로 나오는 부부는 그 배달원을 안쓰럽게 여긴다.

요시다 겐지로는 암울한 운명에 끌려 다니는 '약한 사람들'을 소설에 그리면서 "하지만 나는 고맙다. 쓰라린 눈물로 상처받은 눈일수록 더욱 밝게 내비치는, 인간의 아름다운 영혼을"(「인간의 마음에 대한 공상[人間の心についての空想]」)이라고 감탄하면서, 사랑과 성실을 찬미한다.

요시다 겐지로의 소년소설집 『밤나무 꽃이 필 무렵[栗の花のさくころ]』(지츠교노 니혼샤)의 광고가 『빨간 새』에 실렸는데, "선생님의 소설이 얼마나 뛰어난지는 우리 모두가 잘 압니다. 사랑과 정의와 진리의 옹호자라면 꼭 선생님의 소설을 읽어야 합니다" 하고 쓰여 있다. 그는 다이쇼기 문단에서 "인도주의, 사랑의 작가이면서 종교 사색가로도 보이고, 또 전원시인으로도 받아들여져"(우스이 요시미[臼井吉見], 『다이쇼문학사』) 독자적인 위치를 차지하였다. 요시다 겐지로의 작품이 당시 매우 인기가 있었던 것은 이상주의와 종교 색채, 그리고 약함과 감상주의가 긴밀하게 얽힌 그의 작풍이 시대가 요구하는 정신세계와 일치하였기 때문이었다.

감상의 시대

다이쇼기 일본은 대외적으로는 열강의 대열에 합류하였으며, 국내에서는 메이지기의 근대화가 어느 정도 이루어졌다. 사람들은 이제 사생활과 개인 내면으로 관심을 돌리게 되었다. '약함의 철학'이 생겨났고 구라타 햐쿠죠[倉田百三]의 『출가인과 제자[出家とその弟子]』, 가가와 도요히코[賀川豊彦]의 『사선을 넘어서[死線を越えて]』 같은 종교문학이 왕성하게 일어났다. 이러한 내

면을 향한 관심은 한편으로는 개인 감성의 해방으로 나타났다.

1914년(다이쇼 3), 츠루미 슌스케는 「카츄사의 노래[カチューシャの唄]」(소마 교후[相馬御風]·시마무라 호게츠[島村抱月] 작사, 나카야마 신페이[中山晉平] 작곡)로 시작된 유행가의 계보를 언급하며, 이것으로 '일본인의 감정 처리 처방전'이 만들어졌다고 하였다(「다이쇼기의 문화[大正期の文化]」, 『이와나미 강좌 일본 역사 19－현대 2[岩波講座 日本歴史19－現代2]』). '감정 처리 처방전'이라는 말을 넓은 의미로 해석하여 메이지 국가라는 틀에서 해방된 개인 정서에 어떤 형태를 부여해준 창작물이라고 정의한다면, 유행가뿐만 아니라 당시의 대중소설이나 영화 같은 대중예술 전반에도 적용할 수 있다.

또 다이쇼기는 '다이쇼 데모크라시'가 일어났으며 사람들은 화려한 소비 생활을 즐겼다. 하지만 이러한 겉모습 뒤에서 이상주의운동은 좌절하고 실패하였으며, 분출하는 자본주의 모순에 대항할 방법이 없어 사회는 점점 암울해졌다.

"나는 들판에 말라가는 참억새 / 나와 같이 너도 시들어가는 참억새" 하는 노래를 불러서 크게 유행시킨 「뱃사공 노래[船頭小唄]」(노구치 우죠 작사, 나카야마 신페이 작곡)가 생겨난 것은 1921년(다이쇼 10)이었다. 이러한 작품에는 사람들의 '풀 길 없는 안타까운' 감정을 위로하는 기능도 들어 있었다. 애조 띤 유행가와 약함을 전면에 내건 감상적인 소설은 위로 기능을 가진 뛰어난 '처방전'이었다.

노래 잊어버린 카나리아는 뒷산에 버릴까요?

아니야, 아니야 그럴 순 없어.

노래를 잊어버린 카나리아는 뒷산 덤불에 묻어버릴까요?
아니야, 아니야 그럴 순 없어.
노래 잊어버린 카나리아는 버드나무 회초리로 때릴까요?
아니야, 아니야 그건 너무 가엾어.

노래 잊어버린 카나리아는
상아 배에 금빛 노
달밤에 바다에 띄우면
잊어버린 노래가 생각날 거야.
—사이조 야소, 「카나리아」,[3) 1918년 11월

시인 자신을 노래했다고 하는 사이조 야소의 이 상징 동요도 『빨간 새』가 낳은 감상시대의 명작이다. 그러나 『빨간 새』에 등장하는 수많은 '약한 어린이'의 이미지를 감상주의 다이쇼기의 취향으로 단정하는 것은 올바르지 않다.

약한 어린이의 현실

실제, 당시 '약한 어린이'의 현실은 대단히 가혹하였다. 빈곤한 농촌 어린이들은 연계봉공(年季奉公)의 형태로 손쉽게 인신매매의 수단이 되었다. 또한 급속히 팽창한 자본주의는 도시의 어린이들을 연소노동자로서 환경이 열악한 공장으로 내몰았다. 어

---

3) 「카나리아[かなりあ]」는 7·5조의 음률로 되어 있다. 원문을 한 구절만 써보기로 한다. 唄を忘れた金糸雀は後の山に棄てましようか／いえ、いえ、それはなりませんぬ

린이 유괴나 양자살해 같은 아동학대사건도 날마다 신문에 오르내렸다.

다이쇼기의 이런 사회를 배경으로 사회 약자인 '약한 어린이'를 그린 작품에는, 앞에 서술한 「천국의 꿈」, 「곡마단의 토츠테이칸」, 「도시로 나가봤더니」 같은 것이 있다. 「천국의 꿈」이나 「곡마단의 토츠테이칸」은 허구적인 요소가 강하지만, 「도시로 나가봤더니」의 오토키나 「로쿠죠와 도련님[六やと坊ちゃん]」(1925년 4월)의 로쿠죠와 같은 어린이들은 현실에도 적지 않았다.

로쿠죠는 열 살이고 아버지는 일일노동자이다. 가난한 살림에 보태기 위해 겨우내 두 살 아래 부잣집 도련님을 업고 소학교에 데려갔다가 데려 오는 일을 한다. 하지만 봄이 되어 그 일을 그만둔다. 어느 날 역에서 오랜만에 도련님을 만난 로쿠죠는 도련님을 업고 집까지 데려다 준다. 도련님은 기뻐하며 밥을 같이 먹으려고 했지만, 도련님의 어머니는 로쿠죠를 부엌에서 먹게 한다. 게다가 하인들이 먹는 형편없는 음식을 대접한다. 이것을 알게 된 도련님은 화를 낸다. 하지만 하인들도 시키는 대로 한 것뿐이니 어쩔 도리가 없다. 부엌은 어수선해지고 로쿠죠는 그 틈에 도망쳐서 '휴' 하고 안도의 한숨을 쉰다.

『빨간 새』는 중산계급의 어린이들을 주된 독자로 하여 고상하고 세련된 이미지를 내세웠다. '약한 어린이'를 묘사해도 그 필치는 어디까지나 고상하고 기품이 있었다. 하지만 '자유시'나 '글쓰기 법'에 게재되는 작품은 거의 지방 어린이들 것이었다. 대부분이 『빨간 새』의 이미지와 전혀 다르게 가혹한 현실을 살아가는 어린이들의 모습을 있는 그대로 전하는 작품이었다.

학교에 다니면서 선생님의 지도를 받아 작품을 썼던 어린이들은 그래도 나은 상황이었다. 1924년(다이쇼 13) 2월호에는 다음과 같은 작품이 실렸다.

> 나는 계속 고개를 수그리고
> 아버지와 읍내로
> 복숭아를 팔러 갔다.
> 절름발이 생선장수가
> 지나갔다.
> 가막조개 팔러 가는 여자애도
> 지나갔다.
> 우엉장수도 가지장수도
> 나는 어느 샌가 아무렇지도 않게 걷고 있었다.
> —카가와 현 기타 군 히카미 소학교 6학년,
> 나가야마 간지로[長山勘次郎], 「복숭아 팔기」

제가 가장 슬펐던 날은 작년 6월 28일입니다. 그 날은 제 가장 소중한 아버지가 돌아가신 날입니다. 아버지는 오랫동안 병을 앓았습니다. (…중략…) 아버지는 이를 바득바득 갈면서 일어나더니 그만 풀썩 쓰러져 버렸습니다. 아저씨는 "이제 아버지는 돌아가셨다"고 말했습니다. (…중략…) 그 사이에 날이 새서 점점 햇살이 비치고, 이웃 사람들이 모이는 것이 보였습니다. 저는 어머니도 안 계시기 때문에, 이웃사람들의 말을 들어보니 "지금 죽어 버리면 아이들은 어떻게 하지?", "모리오는 크니까 아무 데나 부탁하면 되지만, 미치오와 이토는 정말 어떻게 해야 할지 모르겠네" 하는 것이었습니다. (…중략: 조금 뒤 동생(미치오)은 다른 집에서 길러 주기로 했고, 아직 말을 못하는 여동생(이토)도 애보기로 데려갔다…)
　"후우, 오늘밤은 혼자서 자야겠네" 하고 중얼거리다가, 반찬을 어떻게 만드는지 몰라서 타마리4)를 많이 넣고 쪘습니다. 먹으려고 하니, 너무 짜서 먹을 수가 없었습니다. 다시 물을 넣고 찌는데, 바깥문을 덜컹덜컹 열면서 들어서는 사람이 있었습니다. 누군가 하고 봤더니 친한 친척이었습니다. "모리오, 우리 집에 가자" 하고 데리고 가 주셨습니다. 저는 그때 너무 기뻐 울고 또 울었습니다.

—기후 현 에나 군 나가시마 소학교 6학년,
도야마 모리오[遠山盛夫], 「아버지의 죽음」

기노사키[木崎] 마을의 어린이들

시와 글쓰기 지도를 받기는커녕 읽고 쓰기나 간단한 산수도 못하는 채로 방치된 어린이들도 있었다. 『도쿄아시히신문』에 실린 '농민학교의 교단에 서서[農民学教校壇に立ちて]'라는 구로다 마츠오[黒田松雄]의 기사(1926년 8월 17~18일)는 이 같은 어린이들의 실정을 그대로 전해 준다.

제1차 세계대전 후 일본은 전국이 불황이었다. 게다가 농촌에서는 지주제로 인한 쌀의 상품화가 품질관리를 촉진시켰고, 이것이 실질적인 소작료 증가를 가져 왔다. 또한 상품경제가 유입되어 계층간의 격차가 크게 벌어졌다. 다이쇼 중기 이후 일본 각지의 빈궁한 농촌에서 대규모 소작쟁의가 일어났다.

가장 대표 쟁의는 니이카타 현 기노사키 마을[村]의 소작쟁의였다. 쟁의는 1922년(다이쇼 11)에 소작조합이 결성되어, 지주에게 소작료를 감면하라는 요구를 시작으로 1930년(쇼와 5)까지 계속되었다. 1926년(다이쇼 15)에는 조합원 아이들이 동맹 휴교를 하였는데, 짧은 기간이었지만 무산농민학교에서 자주수업이 이루어졌다. 구로다 마츠오는 한 달 반 정도 여기에서 어린이들을

---

4) 간장의 하나.

가르쳤다.

그러나 구로다 마츠오가 담당한 분교에 다니는 어린이 약 80명 중에 책을 제대로 읽을 수 있는 어린이는 열 명도 되지 않았다. 구로다 마츠오는 머리가 이 투성이이고, 때가 끼어 반질반질한 옷에, 거북이 등가죽 같은 발을 내밀고 있는 더러운 어린이들을 보고 놀랐다. 그는 어린이들의 참상을 동정하며 애정 어린 시선을 담아 신문에 기사로 냈다. 또한 그는 무산소학교의 의의에 대해서도 함께 서술하였다.

죽음과 멸망

가노 사쿠지로 작품 「소년과 바다」의 다메키치처럼 허무하게 죽어 버리는 어린이들도 적지 않다. 츠보다 죠지 작품 「강가의 갈대[小川の葦]」(1928년 9월)에 나오는 다이이치도 그런 어린이이다. 다이이치는 친구들과 다발로 쌓여 있는 갈대를 가지고 놀다가 할아버지에게 혼이 난다. 그날 밤 혼자 어두컴컴한 강가에서 갈대를 베려다가 물에 빠져 죽고 만다.

또 오가와 미메이의 「갯반디[海螢]」(1923년 8월)는 어린이들이 주인공은 아니지만 약함과 순수함을 상징적으로 그려낸 낭만주의 작품이다. 아름답고 양순한 딸은 건너편 산동네 부잣집 아들에게 시집간다. 그러나 아들은 태어날 때부터 약간 바보였다. 시집 사람들은 모두 딸을 귀여워하지만 딸은 아들을 사랑할 수가 없다. 딸은 친정집으로 돌아오려고 밤에 도망쳐 나온다. 강을 건너다가 통나무 다리가 부러져 딸은 죽고 딸의 혼은 강반디

가 된다. 이것을 알게 된 아들은 슬퍼하다 뒤를 따라 강에 몸을 던진다. 아들의 시체는 바다로 흘러가 커다란 갯반디가 된다. 이 동화는 "강반디와 갯반디에는 이러한 이야기가 전해 내려온다. 그리고 아이들의 벌레장에 있던 작은 강반디가 먼저 죽고, 마지막까지 남아 있던 갯반디도 장마가 그치자마자 죽었다"라며 끝을 맺는다. 이런 멸망을 주제로 한 동화는 오가와 미메이의 작품 중에서 몇 개 볼 수 있으며, 자매가 물속으로 들어가면서 끝을 맺는 나카무라 세이코의 「밤 줍기[栗拾ひ]」(1921년 3월 ~4월)에서도 볼 수 있다.

오가와 미메이는 "순수한 감정의 번뜩임과 양심의 자연스런 판단에 따라 소년 시기 특유의 환상의 세계를 표현하는 이야기를 창작하여 아름답고 슬픈 분위기로 독자를 황홀하게 하는" 것이 자신이 추구하는 동화라고 하였다(「내가 '동화'를 쓸 때의 마음[私が'童話'を書く時の心持]」). 낭만주의자 오가와 미메이 작품에 나타나는 약한 사람은 '아름답고 슬픈 분위기'를 창출하기 위한 중요한 모티브였다. 오가와 미메이의 동화는 '순수한 감정의 번뜩임'에서 덧없는 동경과 인생의 비애, 낭만주의 미의 세계를 그려내는데 중점을 둔 작품과 '양심의 자연스런 판단'에 따라 학대받는 약한 존재에게 정의가 실현되는 이상을 그린 작품이 있다.

시적 정의의 실현

요시다 겐지로의 동화는 감상적이긴 해도 결코 단순한 감상만으로 '약한 어린이'를 그려내지 않았다. 「항아리 만드는 가키

마루」에서는 평화를 사랑하는 약한 사람이야말로 정의라고 주장하고, 「하늘까지 닿아라[天までとどけ]」(1924년 4월)에서는 약하지만 마음이 순수하고 착한 어린이를 통해서 이상의 경지까지 보여주려고 하였다. 그러나 감상적인 면이 지나쳐 구성이 느슨해지고 때로는 유치하게 되어 버려 강한 인상을 주지 못하였다.

약한 사람을 그려내고 약함을 통해 어느 정도 이상주의를 표현하는 데 성공한 사람은 오가와 미메이였다. 그의 대표작 「빨간 양초와 인어[赤い蠟燭と人魚]」와 「검은 사람과 빨간 썰매[黒い人と赤い橇]」 같은 작품은 약한 사람들이 학대받는 현실에서 정의가 실현되는 이야기로, 상징적이면서도 시적인 형태로 표현되어 있다.

「빨간 양초와 인어」(『도쿄아사히신문[東京朝日新聞]』, 1921년 2월 16일~20일)의 줄거리는 다음과 같다. 양초 파는 집 노부부가 인어의 딸을 맡아 기른다. 하지만 그들은 욕심에 눈이 어두워져 인어를 구경거리로 팔아버린다. 인어가 배에 태워져 팔려가던 날 밤, 바다는 거칠 대로 거칠어져 배는 침몰하고 만다. 그 후로 인어의 딸이 만들다가 남기고 간 빨간 초를 신사에 바치기만 하면, 비바람으로 파도가 치고 나중에는 신사가 있던 마을도 망해 버린다.

「검은 사람과 빨간 썰매」(1922년 1월)는 『빨간 새』에 실린 작품이다. 겨울 북쪽 지방에 이중 조난사건이 일어난다. 눈보라 속에서 동료 몇 사람이 죽어 가는 것을 "우리로선 어쩔 수 없다"며 내버려둔다. 그리고 몇 년 후 봄, 갑자기 바다에 조난자의 망령 같은 검은 그림자가 나타나더니, 낚시를 하고 있던 마을 사람들의 배가 모조리 파도에 휩쓸려 가라앉아 버린다. 어둡고 신

오가와 미메이

비스런 북쪽 바다에서 펼쳐지는 이런 환상은 오가와 미메이 동화의 진수이다.

『빨간 새』에 실린 작품은 아니지만, 「검은 깃발 이야기[黒い旗物語]」(『일본소년』, 1915년 4월)도 같은 줄거리이다. 불쌍한 거지 노인과 아이를 박대한 마을에 불이 나서 집 한 채도 남김없이 전부 타버린다. 정의의 철퇴는 초자연의 힘으로 마을 사람 모두에게 내려진다.

오가와 미메이는 구경거리로 팔린 고아 인어의 슬픔, 죽도록 내버려진 조난자들의 한, 박대받으면서도 구걸해야 하는 거지노인과 아이의 괴로움을 복수의 정의라는 형태로 표현하였다. 그가 표현한 정의는 갑자기 배가 가라앉거나 마을 전체가 없어지는 형태로 나타난다. 그는 아무 죄 없이 괴로움을 받는 사람들의 노여움을 강하고 위압적인 징벌로 표현하였다.

사회구조의 문제

오가와 미메이의 휴머니즘과 정의감은 소설에서는 때로는 생생한 초조감으로 나타난다. 1912년(메이지 45)에 쓴 『아둔한 고양이[魯鈍な猫]』는 자전소설의 색채를 짙게 풍기는 작품으로, 당시 오가와 미메이의 궁핍한 생활이 그대로 드러난다. 그림을 그릴 수 없어 괴로워하는 화가한테는 가난에 찌들고 병이 든 아내와 아기가 있다. 아내는 영양 부족으로 젖이 나오지 않고 아기는

며칠이고 밤새 울어댄다. 시골에서 애보기로 온 고아 소녀는 너무나 구박받고 자라 희노애락의 감정조차도 없다. 화가는 생각한다.

이 고아 소녀는 지금까지 얼마나 울었을까? 매맞았을 때는 비명을 지르며 고통을 호소했을 것이다. 하지만 사회는 어린이들의 값싼 눈물 따위에는 신경 쓰지 않는다. 마침내 고아는 울지 않게 된다. (…중략…) 이 소녀의 눈에서 눈물을 빼앗고, 눈물이 필요 없는 냉혹한 상황에 적합한 몸으로 만들어 버린 것이다.

화가는 고아 소녀를 불쌍히 여기지만, 성격이 난폭하고 아기를 아무 데나 방치해 위험하게 만드는 데 질려, 결국은 시골로 다시 보내버린다. 화가도 화가 가족도 고아 소녀도 그리고 몸이 부자유스럽고 아둔하기 때문에 빈사지경에 이른 고양이도 괴로움에서 벗어나지 못한다. 화가는 마지막에 '좋은 곳에 다시 태어나라'며 상처 입은 고양이를 물독에 던져 버린다.

오가와 미메이의 연보에는 1910년(메이지 43) "궁핍하였으며 두 아이는 영양실조였다"고 쓰여 있다. 그는 1914년(다이쇼 3)에 장남을, 1918년(다이쇼 7)에는 장녀를 잃는다. 하지만 불행은 불우한 예술가만을 덮친 것은 아니었다. 당시 일본사회 곳곳에 존재하였다. 오가와 미메이는 온몸으로 가혹한 생활고에 시달렸으며 학대받는 사람들을 깊이 동정하였지만, 그들이 세상을 단념하고 비정하게 되는 현실을 똑바로 바라보았다. 『아둔한 고양이』의 화가는 생각한다.

나는 이런 상황에 처할 때마다 공허하게 박애주의를 말하지만, 참으로 무의미하며 어리석은 짓이란 생각이 든다. 우리들이 불쌍히 여기는 사회 밑바닥 사람들이나 대다수의 노동자들은 우리들이 그들을 생각하듯이 스스로 처한 상황을 잘 알지 못한다. 설령 50년 동안 같은 하늘 아래에서 산 사람들일지라도 다른 사람의 고통을 자신이 당하는 고통의 만 분의 일만큼이라도 여기는 사람은 없을 것이다. 몇 백만의 사람 중에는 드물게 진실로 다른 사람을 사랑하고 다른 사람을 위해 희생하려고 하는 사람이 있을지도 모르지만, 거의 모두 이기적이고 무자비하며 냉혹하다.

앞에 예로 들었던 동화 「빨간 양초와 인어」, 「검은 사람과 빨간 썰매」, 「검은 깃발 이야기」에 등장하는 사람들은 고유명사로 등장하지 않는다. 누구나 피해자이면서 또 가해자일 수 있다. 약자의 불행은 그런 구조를 가진 사회의 문제이다. 이 동화들이 개인적인 인과응보 이야기가 되지 않은 것은 오가와 미메이의 이러한 인식 때문이었다. 오가와 미메이는 약자를 학대하는 사회구조가 없어지길 바라고 사회주의에 다가섰지만, 그는 시인이었으며 무정부주의 기질을 가지고 있었다. 그러므로 그는 계급투쟁으로 사회변혁이 이루어지는 이야기보다는 오히려 신비하고 초월적 힘으로 '시적 정의'가 실현되어, 죄 없는 사람들의 불행이 보상받는 이야기를 써서 자신의 이상을 표현하였다.

4. 순수와 천진무구

놀이의 불꽃

기타하라 하쿠슈는 자신의 동요에 어린이들의 순수함을 선명한 이미지로 자주 표현하였다. 그는 동요를 논하면서 "어린이들은 자연의 모든 것과 논다. 신기해하면서 논다. 그러므로 어린이들의 주변에 있는 모든 것이 함께 환호성을 지른다. 반짝거리며 빛나고 어린이들과 함께 놀이의 불꽃이 된다. 어린이들의 머리카락은 빛나고, 어린 영혼은 놀이 그 자체가 되어 빛난다. 이렇게 멋지게 서로 즐기는 중에 자연스럽게 노래가 태어난다"고 말한다(『초록의 촉각[緑の触角]』).

대표작 「축제[お祭]」(『빨간 새』, 1918년 10월)에서는 순수하게 '놀이의 불꽃'으로 변한 어린이들이 신여(神輿)[5]를 메고 흥겨워하는 거친 숨소리가 그대로 전해온다.

> 영차 영차
> 영차 영차
> 축제다 축제다
> 등에 꽃삿갓
> 가슴에는 배두렁이
> 무코하치마키,[6] 모두 똑같이 핫피[7]

---

5) 신위를 모신 가마.
6) 수건을 앞이마에 오게 동여맨 모양.
7) 등이나 깃에 상호(商号) 같은 것을 박은 겉옷.

영차 영차

영차 영차
영차 영차
신여다 신여다
산초는 한 알이라도 얼얼하게 맵지
우리는 용감한 산노[8]의 자손이다
영차 영차

영차 영차
영차 영차
새빨갛다 새빨갛다 저녁놀이 빨갛다
힘내서 메자
내일도 날씨가 좋다
으샤, 으샤, 으샤
영차 영차

영차 영차
우리들의 신여다 죽어도 놓지 마라
울보는 저리 가라 높이 들어 돌아라
으샤, 으샤, 으샤
영차 영차
(…중략…)

—「축제」[9]

---

8) 시가 현(県) 사카모토 히에신사의 다른 이름. 또는 도쿄 도(都) 치요다 구(区)
산노다이 히에신사의 다른 이름을 말한다.
9) 이 동시는 4·4조의 음률로 되어 있다. 원문을 한 구절만 적어본다. "わっしょ
い、わっしょい／わっしょい、わっしょい／／祭だ、祭だ／背中に花笠／胸には腹
掛."

판타지의 세계

　동화에서는 아름다운 판타지의 세계와 순수함의 표현이 자주 섞인다. 예를 들면 오가와 미메이의 「달밤과 안경[月夜と眼鏡]」 (1922년 7월)은 상처를 입은 나비가 아름다운 소녀로 변해 할머니 집을 찾아온다는 이야기로, 맑은 달빛아래 섬세하고 순수한 세계가 펼쳐진다. 또 「술 취한 별[酔つぱらひ星]」(1920년 1월)에서는 가난한 소년 사키치가 별과 만난다. 사키치는 어머니를 여의고 아버지와 쓸쓸하게 살았다. 누워서 겨울 하늘을 보고 있으면, 별은 삼각 모자를 쓴 마음씨 좋은 할아버지 얼굴로 보였다. 그 얼굴은 교회에서 본 산타클로스 인형 같기도 하고 가난해서 장난감을 살 수 없는 사키치에게 꾀꼬리를 준 친절한 할아버지 같기도 하였다. 사키치는 밤마다 별을 보면서 이런저런 상상을 하며 즐거워하였다. 어느 추운 겨울밤에 아버지 술심부름으로 읍내까지 갔다오다가 들판에서 어디선가 본 적이 있는 할아버지를 만났다. 할아버지는 추워서 참을 수 없다면서 사키치가 갖고 있는 술을 벌컥벌컥 마셔 버렸다. 사키치는 집에 돌아와 아버지에게 야단맞았다. 이부자리에 누워 평소처럼 높은 창문의 깨진 틈으로 하늘을 바라보니, 그 할아버지가 술에 취해서 비틀비틀 하늘로 올라가는 것이 보였다. 그러다가 대굴 넘어질 듯 휘청거리자 쓰고 있던 삼각 모자가 별똥처럼 반짝이면서 떨어졌다. 다음날 아침 들판에 나가보니 모자가 떨어진 곳에 은빛으로 빛나는 세모난 돌이 떨어져 있었다. 이 돌을 큰돈을 주고 팔아 아버지와 사키치는 행복하게 살았다.

오가와 미메이의 동화에는 이렇게 '꿈꾸는 어린이'가 자주 등장한다. 행동하는 어린이는 아니지만 솔직하고 순수한 어린이들이다. 전반적으로 주인공의 덧없는 동경이나 부드러운 정감만을 그린 것이 많은데, 「술 취한 별」은 드물게 줄거리가 있고 행복한 결말로 끝맺는다.

텐구와 어린이

판타지이지만 『빨간 새』에 실린 대부분의 동화와 다르게 일본 민담을 소재로 하여 목가적인 세계를 유려하게 그린 작품에, 도요시마 요시오의 「텐구10) 웃음」(1926년 7월)이 있다. 이 작품도 『빨간 새』를 대표하는 걸작 중의 하나이다.

마을 아이들은 니라멧코11)를 즐겨하며 놀았다. 오늘도 "달마대사님, 달마대사님, 니라멧코해요" 하며 놀고 있는데, 갑자기 숲에서 커다란 얼굴이 쑤욱 나타났다. 그 얼굴이 하늘만큼 커지더니, 커다란 눈·코·귀가 으하하하 웃고는 사라졌다. 아이들은 깜짝 놀랐지만, 니라멧코를 하면 나타나는 얼굴에 친숙해져 재미있어 하였다. 그러던 어느 날 낯선 아이가 나타나서 니라멧코를 하는 아이들 틈에 끼어들었다. 낯선 아이는 니라멧코를 무척 잘하여서 마지막으로 승자를 가리게 되었다. 그때 갑자기 낯선 아이의 코가 쭉 늘어나 흔들흔들 춤을 추어대니 적수가 없었다. 그런데 그 아이가 사라지자 하늘에 또 웃는 소리와 함께 커

---

10) 하늘을 자유로이 날고, 깊은 산 속에 살며, 신통력이 있다는 얼굴이 붉고 코가 긴 상상의 괴물.
11) 눈싸움. 서로 쳐다보다가 먼저 웃는 사람이 지는 놀이.

다란 얼굴이 나타났다. 아이들은 다같이 웃어 버린다. 어른들은
이 이야기를 듣고 못된 오니라며 붙잡으려고 하였다. 아이들은
재미있는 오니를 없애기 싫었지만, 어른들의 강압에 못 이겨 오
니를 불러내려고 니라멧코를 하였다. 아이들이 춤추면서 니라멧
코를 하자, 역시 커다랗게 웃는 소리가 나고 하늘 가득 웃는 얼
굴이 나타났다. 어른들도 멍해져서 자신도 모르게 웃어 버렸다.
그 후 마을 사람들은 하늘에서 웃는 얼굴은 텐구일 것이라고 여
겨 그 웃는 얼굴을 텐구웃음이라 하게 되었다.

　어린이들은 다른 세계에 사는 텐구라도 자신들과 거리를 두
지 않는다. 어린이들에게는 함께 니라멧코를 할 수 있는 즐거운
상대일 뿐이다. 어린이들의 순수함은 아무라도 허물없이 사귈
수 있어 다른 세계의 존재와 쉽게 교류한다. 또 어린이들은 어
른의 생각에 상관없이 어른들이 잊어버리고만 충만하고 빛나는
시간 속에서 신나게 뛰어 논다. 또한 초능력을 가진 텐구도 어
린이 모습을 하고 나타난다. 하늘에 나타나 천진난만하게 웃는
얼굴은 사리사욕과 이해타산에 따라 움직이는 어른의 가치척도
를 무력하게 만든다.

비공리성과 비타협성

　사리사욕이나 이해타산과 관계없는 비공리성은 '순수'의 이
미지를 구성하는 중요한 요소이다. 또한 가치와 목표를 추구하
는 행위의 형식이 한결같이 비타협적이기 때문에 '순수'하다고
느껴지는 일도 있다. 우리가 어른과 견주어 어린이를 순수하다

고 할 때 형식적 측면도 무시할 수 없다. 어린이들은 처세술이 몸에 밴 어른들이 하지 못하는 비타협적 태도를 견지할 수 있으며, 이러한 태도에서 '순수함'이 느껴진다. 물론 가치지향적 내용에서 '순수함'과 행위 형식에서 '순수함'은 서로 무관하지 않으며, 실제로는 겹치는 일이 많다.

미즈시마 니오우[水島爾保布]가 쓴 「항아리를 깬 이노키치[瓶割猪之吉]」(1922년 10월)와 츠보다 죠지가 쓴 「젠타와 기차[善太と汽車]」(1927년 10월)의 주인공이 그러한 인물들이다. 직공 아들인 골목대장 이노키치는 고물상집 주인과 말다툼을 한다. 주인이 자기 키보다 큰 커다란 항아리를 혼자서 떠맡으라고 하자 귀족의 응접실에나 걸맞을 귀중한 항아리를 깨는 것으로 해결해 버린다. 주인은 이노키치가 항아리를 들지도 못할 거라며 깔보며 비아냥거린다. 하지만 이노키치는 내가 맡은 것이면 내 것이라며 깨버린다. 줄거리는 임기응변식 결말이지만 "왕후장상이 따로 있어?"라며, 소리를 내지르는 이노키치의 목소리는 계산할 줄 모르는 어린이의 순수함 때문에 상쾌하게 울린다. 1894년(메이지 27), 소년문학총서 제26편 『다섯소년[五少年]』(나카무라 카소)에도 「항아리를 깬 이노스케[瓶破猪之助]」라는 비슷한 이야기가 나온다. 이노스케는 어른 뺨칠 정도의 뛰어난 지혜를 가진 아이인데, 무사의 눈에 띄어 출세한다. 두 사람의 대조가 흥미롭다.

츠보다 죠지의 작품 「젠타와 기차」에 등장하는 젠타도, 하나에 열중하면 다른 것을 다 잊어버리고 그 일에만 빠져 버리는 '순수한 어린이'이다. 젠타는 기차를 아주 좋아해서 항상 기차 흉내를 내고 기차가 되어 논다. 어느 날 친구들이 기차는 탱크처럼 물건을 부술 수 없다고 하자, 반발심에 레일 위에 돌을 놓아둔다. 하지만 기차는 돌을 부수지 못하고 멈추어 서고 만다. 젠타에게 기차는 곧 자신일 정도로 소중한 존재이다. 자신이 기차가 되었을 때는 호루라기를 불어 피하지 않으면, 여자 아이라도 냅다 밀쳐버린다. 친구들이 탱크와 비교하자 꼭 자신의 기차가 이길 것이라고 믿고 레일 위에 커다란 돌을 놓아둔다. 그것이 어떤 의미인가는 생각하지도 않는다. 그의 순수함은 이처럼 한 곳에 집중하는 태도에서 단적으로 드러난다. 그러나 하나밖에 모르는 순수는 젠타가 여자 아이를 밀쳐버리는 것처럼 때로는 다른 사람을 상처 입히기도 한다.

기타하라 하쿠슈의 동요 「금붕어[金魚]」(1919년 6월)에는 어머니에게 의존하는 약한 어린이의 존재와 금붕어를 죽이는 격렬한 행위로 나타나는 일종의 '순수함'이 얽힌 세계가 그려진다.

엄마 엄마
어디 갔어
빨간 금붕어랑 놀아야지

엄마, 왜 안 와
심심하단 말이야
금붕어 하나 눌러 죽인다.

아직도 안 와
신경질 나
금붕어 두 마리 눌러 죽인다.

왜 안 와 왜왜왜

배 고파
금붕어 세 마리 눌러 죽인다.

눈물이 떨어지고
날도 저물어 가고
빨간 금붕어도
죽고 죽고 또 죽고

엄마, 무서워
어디 갔어
번쩍 번쩍 금붕어 눈이 번쩍인다

—「금붕어」[12]

순수의 특권

세상 어른들의 눈으로 보면, '순수'는 일종의 특권인 경우가 많다. 아리시마 이쿠마가 쓴 「울어서 칭찬받은 이야기[泣いて褒られた話]」(1918년 8월)에서는 새끼 고양이를 지키려는 소녀의 순수함이 기차 출발시각을 늦춘다.

외동딸인 히데코는 새끼고양이 미미이를 마치 작은 동생처럼 소중히 여기며 귀여워한다. 어느 날 히데코 가족이 바다에 놀러 가려고 기차역에 갔는데, 갑자기 미미이가 뛰쳐나가 선로 안으로 들어가 버린다. 역 인부들이 소동을 벌이며 뒤쫓아가지만 도저히 붙잡을 수 없다. 역장은 단념하고 기차를 출발시키라고 명령한다. 히데코의 아버지도 고양이의 생명을 단념하려고 한다.

---

12) 이 동시는 4·4조로 되어 있다. 원문을 한 귀절 적어보자. "母ちやん、母ちやん／どこへ行た／紅い 金魚と遊びませう"

그러나 "안 돼요, 안 돼" 하고 소리치며 우는 히데코와 부들부들 떨며 기차 아래 작게 웅크리고 있는 고양이를 본 아버지는, 자신도 모르게 지팡이를 휘두르며 기차를 출발시키면 안 된다고 역장에게 호통친다. 겨우 새끼고양이를 붙잡자 아버지는 "오늘은 네가 열심히 울어서 미미이를 살렸다"며 히데코를 칭찬한다.

히데코 아버지처럼 사회 규칙보다 작은 생물을 지킨 것이 소중하다는 태도는 『빨간 새』의 주된 독자인 중산층 가정의 진보적 이미지를 나타낸다. 『빨간 새』는 이러한 중산층 가정의 살림이 윤택한 어린이들만이 아니라, 앞에서 말했듯이 교사를 통해서 지방의 가난한 어린이들도 읽었다. 『빨간 새』 글쓰기 란에, 자신이 사랑하던 개가 죽임당한 소년의 작품이 있다. "전에 저에게는 베스라는 개가 있었습니다"는 문장으로 시작하는 「개[犬]」라는 작품이다(이바라키 현 마가베 군(郡) 오타마 소학교 4학년 요코세 아키오[橫瀨秋男], 1922년 8월).

어느 날 낯선 남자가 베스를 끌고 나간다. 소년이 뒤를 쫓았을 때는 낯선 남자는 도망치려는 개 때문에 애먹으면서 "부엌칼로 콧등을 치고, 천을 감은 막대기로 때려" 개를 죽여 버린다. 소년은 울면서 집에 와서 엄마에게 말하지만 엄마는 아무렇지도 않게 "그랬니?" 하고 만다. 밤에 소년한테 이야기를 들은 아버지가 놀라서 그 남자의 집에 달려간다. 하지만 벌써 죽인 개를 먹고 있는 중이었다. 아버지는 맥이 빠져 집으로 돌아온다. 실제 글은 "아버지는 아무 말도 하지 않고 목욕하고 자버렸습니다. 나는 그날 밤, 꿈만 잔뜩 꾸었습니다." 이렇게 끝맺는다.

히데코가 새끼 고양이를 구할 수 있었던 것은 새끼고양이를 살리려고 울며 소리쳤을 뿐 아니라 히데코의 아버지가 역장에게 명령을 할 수 있는 사회적 지위에 있었기 때문이다. 그러나 요코세 아키오는 베스가 죽임을 당해도 가만히 보고 있을 수밖에 없었다. 그는 「울어서 칭찬 받은 이야기」를 읽었을까? 무샤노코지 사네아츠[武者小路実篤]는 『자작나무』의 동인에 대하여 "굶어 본 적이 없는 그들은 순수하게 아무 것도 두려워하지 않고 사랑할 수 있는 것을 사랑했다"고 썼다. 순수함의 특권은 사회적 특권에 의존한다.

천진무구한 어린이들

윗글에 나온 세 가지 기본 이미지를 모두 가진 어린이들도 있다. 예를 들면 앞에 언급한 인기작가 요시다 겐지로의 「하늘까지 닿아라」의 주인공인 야이치이다. 그는 「절 탑[お寺の塔]」(1922년 5월)의 우마다로, 「오깅의 노래」의 오깅, 「파란 새와 빨간 꽃[青い鳥と赤い花]」(1925년 3월)의 도사쿠와 함께 요시다 겐지로가 그린 세계의 전형적인 주인공들이다.

야이치는 폭풍우 치는 밤에 고기를 잡으러 나갔다가 돌아오지 않는 아버지를 기다린다. 야이치는 멀리서도 보이게 밤새도록 램프를 켜두는데, 그만 석유가 떨어진다. 그러자 헛간을 부수어 불을 피운다. 하지만 새벽이 되어도 아버지가 돌아오지 않는다. 다시 밤이 되자 야이치는 불빛이 꺼지지 않도록 이번에는 집을 부수어 장작으로 쓴다. 이렇게 아버지를 기다리며 야이치는 밤마다 계속 불을 피운다. 먼 바다에서 항해하는 배가 그것을 보더니 "얼마나 성스러운 불인가?"고 말한다. 결국 집을 전부 태우자 야이치는 어찌할 바를 몰라 한다. 이때 바닷가에 사는 마을 아이들이 모두 몰려와 난파선에 있는 나뭇조각을 주워다가 함께 불을 피운다. 그리고 아이들은 커다랗게 피운 모닥불 주위에 모여 춤을 춘다. 외국배 선장이 이것을 보고 '마치 신들이 사는 세계 같다'며 배를 바닷가에 가까이 댄다. 그런데 그 배에는 조난당했다가 구조받은 야이치의 아버지가 타고 있다.

야이치는 효자인 '착한 어린이'이고, 아버지를 단지 기다릴 수밖에 없는 '약한 어린이'이며, 멀리서도 보이게 하려고 헛간뿐만 아니라 집까지 태워버리는 '순수한 어린이'이다. 또한 어린이들의 세계는 '신들이 사는 세계'로 신성화된다.

스기오카 하나[杉岡はな]의 작품 「로쿠의 죽음[六きんの死]」(1924년 8월)에 나오는 로쿠는 지능이 떨어지지만 정직하고 착한 청년이다. 발이 아주 빠르기 때문에 '전신(電信)'으로 불리며 날마다 마을 심부름을 하러 읍내에 다닌다. 모두 그를 좋아하며 보물처럼 여긴다. 그러나 마을에 기차가 들어오고 시운전하는 날, 로크는 기차와 경주를 해보라는 농담을 진심으로 받아들이고 눈 깜짝할 새에 기찻길로 뛰어들어 무참히 깔려 죽는다. 나이로 보면 로쿠는 어른이지만 아이들을 좋아하였으며 아이들도 로쿠와 사이가 좋았다. 로쿠의 묘에는 아이들이 언제나 꽃을 갖다 놓는다. 로쿠는 착하고 순수하며 약한 어린이의 이미지를 상징한다.

착하면서 약하고 순수한 '어린이'들의 이미지를 지탱하고 있는 것, 『빨간 새』 어린이 상(像)의 공통된 기반인 것은 역시 '무구(無垢)'의 관념일 것이다. 메이지 말기, 구니키다 돗포가 처음으로 묘사한 '무구한 어린이'상은 십여 년을 거쳐 다이쇼기의 동화 잡지에도 연이어 등장하였다. 당시 사람들은 '무구'라는 말보다 '동심'이란 말을 더 좋아하였다. '무구'에는 어딘가 직수입한 느낌이 들고, 또 기독교가 배경일 거라는 느낌이 든다. 하지만 '동심'에는 낭만주의에서 보이는 '무구'한 이미지가 가득 담겨 있고 일본 전통문화와 친숙한 어감이 있다. 어쨌든 이 시기 '동심'이란 말은 널리 사용되어 시대를 대표하는 키워드의 하나가 되었다.

동심의 시대

1. 동심이란?

『와세다문학』 특집

1921년(다이쇼 10), '동화·동요'운동이 크게 일어났을 무렵, 『와세다문학[わせだ文学]』 6월호에 「동화 및 동화극에 대한 감상[童話及び童話劇についての感想]」이라는 특집이 실렸다. 기고자는 시마자키 토손, 오가와 미메이, 스즈키 미에키치, 아키다 우자크였다. 네 명 모두 『빨간 새』에 작품을 기고한 작가들이었다. 오가와 미메이는 이렇게 썼다.

어린이[子供]의 마음만큼 자유롭게 날개를 펼치는 것은 없습니다. 또 더럽혀지지 않은 것도 없습니다. 소년시절(少年時代)처럼 아름다운 것을 보면, 솔직하게 아름답다고 하고, 슬픈 일을 당하면 슬프다고 느끼고, 불의를 보고 분개하는 때는 없습니다. (…중략…)

나는 내가 쓰는 모든 것이 진실이길 바라므로 내 작품에서는 소설이나 동화가 크게 다르지 않습니다. 하지만 소설에는 어른들은 다 아는 일을 어린이는 모르는 일이 있습니다. 그렇지만 진실로 아름다운 것, 진실로 바른 일, 슬픈 일은 직관력이 있고 신경이 예민한 어린이라면 모를 리가 없습니다. 누구나 알 수 있도록 글을 썼다면 말입니다. 그리고 어린이가 아는 일은 당연히 어른도 알아야만 합니다. 하지만 어떤 때는 어린이도 아는 것을 어른이 모르는 경우가 있습니다. 아마 그것은 그 사람이 많이 타락하여 순수한 감정이 없어져 버렸기 때문일 것입니다.

이런 의미에서 나는 '동화'를 단지 어린이 하나만을 위한 문학이 아니라고 하겠습니다. 어린이의 마음을 잃지 않은 모든 인류를 향한 문학이라고 주장하겠습니다. 나는 기쁨을 가지고 자유로운 예술 작품 창작에 종사할 것입니다.

—「내가 '동화'를 쓸 때 마음[私が '童話'を書く時の心持]」

아키다 우자크도 같은 내용을 썼다.

동화는 일반적으로 말하면, 어른이 어린이[児童]에게 읽히려고 창작합니다. 하지만 어린이[児童]에게 어떤 세계를 보여주기 위해서는 어른이 자신의 현재 생활을 반성해야만 가능합니다. 동화에 나타나는 사상과 세계는 어른의 이상세계라고도 할 수 있습니다. 그리고 그 세계 안에서 어린이와 어른이 '하나'가 될 수 있습니다. 이 순간에는 어른의 영혼과 어린이의 영혼은 결코 다르지 않습니다. 내가 동화는 단지 어느 나이 때의 어린이[児童]만이 아니라, 모든 인류에게 보이기 위해 창작해야 하는 것이라고 주장하는 논거가 여기에 있습니다.

동화는 어른이 아동에게 주기 위해 창작해야만 하는 것이 아니라, 인류가 가슴에 품고 있는 '영원한 아이'를 위해 창작해야만 합니다.

—「예술 표현으로서 동화[芸術表現としての童話]」

그리고 시마자키 토손은 다음과 같이 말한다.

한 번이라도 동화를 쓰려고 했던 사람이라면, 동화에는 동화만의 특별한 표현 방법이 있는 것을 알게 된다.

우리들이 여행을 떠났다가 집에 돌아와 여행하다 겪은 이야기를 하게 될 때, 어떤 이야기는 어른들에게 해주고, 또 어떤 이야기는 어린이에게 해 준다. 여행의 추억을 어린이에게만 들려주면서 작은 이야기 상대에게 여행한 곳이 더 생생하게 표현된다고 생각하기도 한다. 우리는 우리 자신의 인생을 여행하는 중에도 이러한 작은 이야기를 수없이 만들어간다. 긴 인생에는 동화의 형식을 취하지 않으면 도저히 표현할 수 없는 부분이 생긴다.

—「동화에 대해서[童話について]」

동심의 문학

이 작가들의 글에서 알 수 있듯이 동화를 직접 쓴 작가들이 반드시 현실의 아이들만을 바라보았던 것은 아니었다. 그들이 바라보았던 것은 '어린이의 마음을 잃지 않는 모든 인류', '인류가 품고 있는 영원한 아이'라는 이념적·추상적 존재였다. 오히려 그렇기 때문에 동화는 '예술 표현'으로서 더 깊은 의미를 지니게 되었다. 또는 인생에는 '동화의 형식을 취하지 않으면 아무리 해도 잘 표현되지 않는' 부분이 있어 '특별한 표현 방법'으로서 동화가 채택되었다. 동화에 대한 이와 같은 관점은 『와세다문학』의 기고자들에게만 해당되는 특별한 것이 아니었다. 당시 문단에서 활동하는 사람이라면 누구나 같은 관점을 지니고 있었다.

평론가인 니시노미야 토쵸[西宮藤朝]는 1920년(다이쇼 9) 「신동화문학의 발흥[新童話文学の勃興]」이라는 논설을 『와세다문학』(3월호)에 기고하였다. 그는 그 논설에서 작가와 독자 모두를 포함하는 당시의 어른과 '동화'의 관계를 논하고, '어른 예술작가들이 동화를 집필하기 시작한' 이유로 세 가지 요인을 들었다. 첫 번째는 '일반 국민이 아동(児童)교육 또는 아동 생활에 주의를 기울이는 경향이 파급되었다'는 것, 두 번째는 '소박한 낭만주의라든가 순수하고 진실한 젊음이나 천진함'을 추구하는 독자가 지금까지 나온 문단 작품에 만족하지 못하고 '한발 더 나아가 새로운 동화를 요구하였다'는 것, 마지막으로 작가의 자질과 의식에 관한 것으로 작가가 '어린이가 지닌 순수하며 소박하고 아름다운 감정을 자신의 특색처럼 지니고, 또 그것을 지닌 것이 예술가의 특질이라고 스스로 의식하는' 경우, '독자의 무의식적 요구에 서로 반응해서 자연스럽게 동화나 동요 창작으로 그 특질을 나타내게 되는 것'이라고 하였다.

오늘날에 '아동문학'은 "유년기, 소년소녀기를 주된 대상으로 어른이 창작한 문학"으로 정의한다(『신쵸일본문학사전[新潮日本文学辞典]』 개정증보판, 1988). 즉, 독자 대상이 어린이인 문학이다. 그러나 다이쇼 중반에서 쇼와 초기까지 나온 '동화'나 '동요'는 반드시 그렇게 여겨지지 않았다. 예를 들면, 1932년(쇼와 7)부터 간행되기 시작한 『일본문학대사전(日本文学大辞典)』(시마자키 토손 만들고 편집, 신쵸사)에서는 동화를 '동심을 기조로 하는 하나의 문예

형식'으로 정의하고, 덧붙여 '일반적으로는 아동에게 들려주는 설화의 의미'라고 설명하였다. 『일본문학대사전』이 가진 이런 사고방식은 『빨간 새』를 설명하는 항목에서도 발견할 수 있다.

> 메이지 말기부터 다이쇼 초기에 걸쳐 자연스럽게 대두한 신흥동화는 단순히 아동문학에 그친 것이 아니라 일본문단 전체가 사회진보를 함께 한 획기적인 현상이었다. (…중략…) 이 잡지는 단순히 아동잡지로서 새로운 방법을 내세운 것이 아닌 문예로서 동화의 가치를 높이고 뛰어난 동화 작품을 발굴한 업적을 남겼다.

동심의 가요

동화가 '동심을 기조로 하는 하나의 문예형식'이었듯이, 동요도 '동심동어(童心童語)의 가요'로 생각되었으며(『일본문학대사전』), 동요작가들도 '동심'에 대해서 많이 노래하였다.

동화잡지 『금빛배[金の船]』에서 활약했던 노구치 우죠는 "어린이는 태어나면서부터 시인이기 때문에 시적 감흥에 가장 민감하다"(『동화 10강(童話十講)』)고 하였다. 또 『빨간 새』나 『어린이잡지[こども雜誌]』 같은 잡지에 동요를 발표한 미키 로후[三木露風]도 "어린이는 어른보다 훨씬 천진합니다. 그렇기 때문에 어린이는 어른보다도 시인이라고 할 수 있습니다"(『진주도(真珠島)』)라고 하였다. 그중에서도 가장 소리 높여 동심을 칭송한 사람은 동요의 창시자이며 최고의 동요시인인 기타하라 하쿠슈였다. 그의 대표적 동요론이 실려 있는 『초록의 촉각[綠の触角]』에는 동심 예찬이 끝없이 흘러넘친다.

잠자리야, 잠자리야
우리 엄마
젖꼭지에 앉아라

　이 동요를 보라. 이것이야말로 진실한 세살박이의 외침이다. 순진무구
한 사랑, 진실한 사랑, 진솔한 감각이 아닌가? 놀랄 만한 예지가 밑바탕에
깔려 있다. 자신이 가장 사랑하고 믿고 밤낮으로 즐기는 엄마의 젖을, 나
이외의, 게다가 내가 사랑하는 새로운 생명에게 나누어주고, 같은 은총을
주려고 하는 마음에 나는 고개를 숙인다. 엄마의 젖가슴은 아기한테는 정
말로 세상에 하나밖에 없는 보물이다. 그 젖꼭지에 앉으라는 것은 얼마나
예리한가? 젖꼭지는 검은 색이다, 그리고 달고 끈적끈적할 것이다. 내려
앉는 잠자리는 커다란 은빛이나 밀빛 잠자리이겠지. 이것이야말로 진정
살아 움직이는 색채이다. 그러므로 어린이는 천재라고 하는 것이다.

　그는 똑같은 격렬함으로 어린이의 본성을 파괴하는 당시 교
육을 비난한다. 그가 바라보는 학교는 '순진한 어린이[子供]의
천성을 비뚤어지게 하고 교묘하게 규칙을 강요하며, 어린이와
아무런 관계도 없고 즐거움도 없으며, 어른이 어린이를 위해 만
든 일종의 감옥'이었다. 또한 학교에서 가르치는 창가는 '아름
다움도 없고 생명도 없고 동심도 없는', '불순하며, 잡스럽고 천
박한 것'에 지나지 않았다. '어린이는 어린이로서 그대로 놀게
하고 배우게 하고 살아가게 하고 빛나게 해야만 하며, 어른을
위한 어린이, 애어른 같은 어린이를 만드는 교육법은 진실로 근
본부터 크게 잘못되었다고 할 수 있다.'
　기타하라 하쿠슈에게는 동심이야말로 인간이 지녀야 할 가장
중요한 가치였다. '어린이[児童]는 어른의 아버지라고 한다. 어떤

어른일지라도 결국 근본인 동심을 잃어버릴 수는 없다. 이것이 인간은 존엄하다고 하는 이유이다.'

생명감이 부족한 관제창가를 어른이 강요한 것이라고 부정한 그의 동요에는 현실 어린이의 발랄한 모습을 포착하고자 하는 태도가 엿보인다. 그런 점에서 그는 다른 '동심주의' 작가들과 구별된다. 하지만 그의 어린이관에는 오가와 미메이, 아키다 우자크와 공통된 점이 있다. 즉, 동심을 가진 사람 즉 무구한 '어린이'야말로 인간의 이상적인 모습이라는 생각이 밑바탕에 깔려 있었다.

동심주의 비판

이 시기에는 누구나 '동심'이란 말을 자주 사용하였다. 기타하라 하쿠슈같이 열심히 '동심'을 외친 시인도 있었고, '어린 시절의 마음', '영원한 어린이'라는 말로 표현한 작가도 있었다. 말의 표현법은 각각 달랐지만, 앞에 서술한 『일본문학대사전』에서도 볼 수 있듯이 '동심'을 향한 관심은 다이쇼기 문예사조의 하나였다.

아동문학의 영역에서는 이 무렵의 작품을 '동심주의문학'이라고 한꺼번에 말한다. '동심주의'란 말은 당시의 문예정신과 창작 태도를 지칭하여 폭넓게 사용되었기 때문에 논하는 사람에 따라 정의가 다르다.

『아동문학사전(児童文学辞典)』(도쿄서적[東京書籍], 1988)의 '동심주의'(세키 히테오[関英雄]) 항목을 요약해 보자.

동심이란 어린이의 순진다감(純眞多感)한 마음의 상태를 말한다. 동화 작가나 시인들은 어린이에게는 어른과 다른 독립된 마음의 영역이 있다는 것을 발견하고, 이것을 동심으로 파악하였다. 동심주의에는 어린이 내면을 노래하고 이야기하는 좋은 측면이 있다. 하지만 반대로 어른들이 어린 시절에 대한 향수가 지나쳐, 동심에 갇혀버리는 폐쇄적인 측면도 있다. 동심주의는 현실 도피의 관념론에 빠져, 쇼와 초기에 시대의 전환과 함께 급속히 쇠퇴하였다. 오늘날에는 어린이를 단순히 귀여운 존재로서 그린, 진실이 빠져 버린 달콤한 동화를 "이것은 동심주의다"고 하듯이, 동심주의라는 말을 빈껍데기만 남은 부정적인 측면으로 많이 사용한다.

동심주의에 대한 비판은 꽤 일찍부터 시작되었다. 제일 처음 시작한 것은 다이쇼 말기에 생겨난 프롤레타리아 아동문학에서였다. 어린이를 천성적으로 천사 같은 '동심'을 가진 존재로 생각하는 것은 계급의식이 결여된 어린이관이라는 논점으로 비판하였다.

전후에 일어난 새로운 아동문학운동들도 '동심주의'에 대해 비판적 자세를 취하였다. 그들의 의견은 서로 똑같다고 할 수는 없다. 하지만 한결같이 '동심주의' 문학은 어른이 어린 시절을 그리워하다가 찾아낸 동심에서 생겨난 문학이며, '어린이 부재의 문학'이라고 단죄하였다. 그들은 지금까지 주류를 이루어 온 오가와 미메이나 츠보다 죠지의 평가를 뒤집고 주된 독자인 현실의 어린이들을 배려할 필요가 있다고 논하였다. 그들의 이러한 비판적 논의는 오늘날의 아동문학관에 결정적인 영향을 주었다. 현재 동심주의의 평가는 관념적 동심 예찬에 대한 비판을 중심으로 문학사에서 거의 결론이 난 문제이다.

그러나 다이쇼기의 동심주의는 결코 아동문학 영역에만 한정된 사항이 아니었다. 그것은 하나의 '시대정신'이기도 하였다. 그러므로 아동문학 영역에 한정된 평가를 떠나 사회·문화적인 문맥으로 폭넓게 검토되어야만 한다.

2. 무구에서 동심으로

서양 근대문학의 영향

다이쇼기 '동심주의' 문학작가들의 말과 글에는 서양의 낭만주의 어린이관을 생각나게 하는 것이 있다. 웅변하듯 격렬한 기타하라 하쿠슈의 학교교육 비판은 바로 루소의 말로 받아들여도 이상하지 않으며 "어린이[兒童]는 어른의 아버지이다"라고 한 말에서는 워즈워스의 시 한 구절을 똑같이 발견할 수도 있다.

> 하늘에 무지개를 볼 때
> 나의 마음은 뛰논다.
> 내 생애가 시작되었을 때도 그러했고
> 지금도 그러하다.
> 늙은이가 되어도 역시 그러하리라.
> 그럴 수 없다면 차라리 죽는 편이 낫다.
> 어린이는 어른의 아버지
> 나의 생애의 하루하루가 바라건대 자연에 대한

외경(畏敬)의 마음으로 이어지기를…….

—「무지개」[1]

이 워즈워스의 시가 나타내는 이미지는 오가와 미메이의 동화 「술취한 별」이나 「금붕어 팔기[金魚売]」(1927년 6월)에 등장하는 착하고 다정한 소년을 생각나게 한다. 『빨간 새』의 창간은 스즈키 미에키치가 세계 동화를 번역하면서 어린이를 위한 '순수하고 아름다운 읽을거리'를 발견한 것이 계기가 되었다. 다이쇼기의 작가들은 소리 높여 '어린이 마음', '동심'을 주장하였는데, 서양 근대문학의 영향을 강하게 받은 것이 분명하다.

서양의 근대문학, 예를 들면 영국문학에서도 18세기 말까지 어린이는 어른의 중대한 관심사가 아니었다. 영국문학에서 어린이 이미지의 변화를 연구한 P. 카바니(P. Coveney)에 따르면, 영국문학에서 처음으로 어린이를 중요한 테마로서 취급한 사람들은 워즈워스와 블레이크(W. Blake) 같은 낭만주의 시인들이었다. 블레이크의 「굴뚝 청소하는 아이(The Chimney Sweeper)」와 워즈워스의 「송시(Ode)」로 비로소 '본질적으로 새로운 것, 즉 대시인들이 대단히 중요하다고 생각한 것을 어린이 이미지를 통해서 표현하는 상황'이 생겼다.

그 뒤 19세기에 접어들자, 디킨스(Dickinson)나 킹즐리(Kingsley)가 어른 예술의 중핵에 어린이를 놓기 시작하였다. 이때부터 어린이는 '사회 경험의 중압'에 대립하는 '인간의 무구(無垢)한 영혼'

---

1) 원문은 마에가와 순이치[前川俊一] 역문으로 되어 있지만, 여기서는 릴리안 스미스, 김요섭 역, 『아동문학론』(교학사, 1966)에 나온 번역시로 하였다.

의 상징이 되었다. '불유쾌한 모습으로 발전을 계속하는 사회에 대한 불만의 상징'으로서 예술가들은 '어린이'를 채용하였다. 그들에게 어린이의 '무구(無垢)'는 감수성과 창조력, 생명에 대한 예찬을 의미하였다.

하지만 일단 낭만파의 '무구'라는 이미지가 성립하자, 이번에는 "언제까지라도 어린이 그대로 있으면서 즐겁게 지내고 싶었다"는 『피터팬』(J. 배리)의 말에서도 알 수 있듯이 어린이는 어른 사회에서 '도피하는 유력한 수단'으로 사용되기 시작했다. 더욱이 "천진무구한 그대로 죽는 사람이 훨씬 훌륭하다"(코델리=M. Corelli, 『소년』)처럼 퇴행의 계기가 되기도 하였다.

즉, 영국근대문학에서 어린이는 상반되는 두 가지 지향, 즉 '생명'과 '도피·죽음'을 상징하게 되었다(P. 카바니, 『어린이의 이미지—문학에 있어서 '무구'의 변모』).2)

동심의 형성

이미 살펴본 것처럼 『빨간 새』에 등장하는 어린이들에게는 확실히 서구 근대시민사회의 가치관이 엿보인다. 또 낭만주의의 '무구'한 이미지도 침투되었다고 생각된다. 영국문학에서 낭만주의 작가들이 그랬듯이, 다이쇼기 작가나 시인들에게도 '어린이'는 '무구'의 상징이 되어 자신들의 내면(또는 내면성으로서 '자아')을 상징하게 되었다. 예를 들면 아키다 우자크가 말하는 '영원한 아

---

2) Coveney, Peter, *The Image of Childhood—The Individual and Society : A Study of the Theme in English Literature*, Penguin Books, 1967; 江河徹監 訳, 『子供のイメージ—文学における「無垢」の変遷』, 紀伊國屋書店, 1979.

이[永遠の子供]'란 사회에서 생활하기 위해서 어쩔 수 없이 몸에 익혀야 하는 허위와 기교를 거부하는 '무구'한 '자아'이었다.

그러나 다이쇼기 '동심주의'가 서양 근대문학의 영향을 강하게 받은 것은 분명하지만, 결코 단순한 수입품은 아니었다. 기

타하라 하쿠슈의 경우 어린 시절의 감정을 노래한 시집 『추억[思い出]』(1911)과 노래집 『운모집(雲母集)』(1915)에 들어 있는 「동자초(童子抄)」 또는 「동심」(1917) 같은 수필에서 볼 수 있듯이, 어린 시절과 어린이에 대한 관심은 그 자신 본래의 자질과 깊은 관계가 있었다. 그리고 『추억』

이 우에다 빈[上田敏]에게 "일본 옛날 가요의 전통과 새로운 양식인 프랑스예술이 서로 어우러진 시집"이라고 칭찬받았듯이, 이 『사종문(邪宗門)』[3]의 퇴폐 시인은 '일본 전통가요'를 뼛속 깊이 숨기고 있었다. 또한 "성심은 동심이다"(「세심잡화(洗心雜話)」, 『산호초(珊瑚礁)』, 1918년 1월호)라는 글에서는 '동심'에 서양식 '무구'와 함께 불교적 경지를 찾아낸 것도 알 수 있다.

기타하라 하큐슈는 동요론에서 전래동요에 들어 있는 토착적·전통적 어린이관을 강하게 내세웠다. 그는 새로운 '동요'의 창조는 '전래동요'를 부흥시키는 것이라고 생각하여, 최초의 동

---

3) 기타하라 하큐슈가 1896년부터 1908년에 걸쳐 쓴 것으로, 그를 일약 유명하게 만든 시집이다. 121편이 수록되어 있는데, 원색적이며 이국적인 정서와, 밝음과 쓸쓸함, 그리고 세기말적 퇴폐미, 관능과 환상적인 아름다움 같은 현란한 용어를 구사하여 노래하였다.

요론을 '동요부흥'이라고 이름지었다. '동요'를 관제창가나 서양 동요와 분명히 구별하였으며, 비록 '예술성'이 있어도 일본 전통 풍토에서 벗어난 것은 동요로 인정하지 않았다. 그는 앞에 말한 「잠자리 잠자리[蜻蛉々々]」나 다음에 예로 들 「강의 신[河の神様]」, 또는 「토끼야, 토끼야, 무얼 보고 뛰니? 보름밤 달님 보고 뛰니? 깡충깡충[うさぎ、うさぎ、なに見て、跳ねる十五夜お月さま見て跳ねるピヨンピヨン]」 같은 동요를 50편 정도 예로 들어, 정성껏 해설을 붙이고 동요부흥의 의의를 주장하였다.

강의 신

난, 아직 어린애다 어린애다

이 동요는 아이들이 한여름 강에서 헤엄치다가 갑자기 오줌이 마렵자, 뭍으로 나가 한 명, 두 명, 세 명, 모두 나란히 서서 햇볕에 그을린 알몸으로 맹꽁이 배를 툭 내밀고 한꺼번에 오줌 누는 모습을 상상해야 한다. 나는 어린애라고 그들은 신을 향해 소리 지른다. 아이들의 무례는 신도 용서하실 거라고 배짱을 내민다. 어리광부리는 천진한 존재들을 누가 비난할 것인가? 그들은 다시 첨벙거리며, 자신들이 눈 오줌 속으로 뛰어들어 헤엄치고 서로 물을 끼얹는다. 시끄럽게 웃어댄다. 보라, 물고기처럼 신나게 장난치는 아이들, 은빛 물거품, 밝게 빛나는 태양!
—『초록의 촉각』

기타하라 하큐슈는 장난꾸러기들이 물놀이하는 모습을 선명하게 그려내었다. 아이들은 "일곱 살까지는 신의 품속"이라는 속담대로 '신의 품속'이기 때문에, '강의 신'에게 무례를 범해도 아무렇지도 않다. 여기에는 어린이의 '무구'와 민속적인 동자신

(瞳子神) 이미지가 매우 자연스럽게 융합되어 있다.

이처럼 다이쇼기의 '동화·동요'운동은, 서양 낭만주의문학의 관념인 '무구(無垢)'를 받아들이면서, 동시에 일본 전통의 어린이관이나 가치관과 융합시켜 동심으로 다시 형성해가는 과정이 포함되어 있다. 동화에서도 도요시마 요시오의 「텐구웃음」같이 일본 민담을 소재로 이용하여, 유려하고 목가적인 세계를 그려낸 걸작이 있다. 하지만 '동심'에 대해서 많이 노래한 것은 동요작가들이고, 그 대표격은 역시 기타하라 하쿠슈였다.

『양진비초』의 해석

이러한 '동심'의 관념은 『양진비초(梁塵秘抄)』 제2권의 유명한 이마요[今樣]4) '遊びをせんとや生まれけむ'의 해석에도 영향을 주었다. 고시라가와 호오[後白河法皇]가 편찬한 이마요 가요의 집성인 『양진비초』는 오랫동안 세간에 알려지지 않았다. 그러다가 1911년에 그 전사본(転写本)이 발견되어 1912년(다이쇼 1) 사사키 노부츠나[佐佐木信綱]가 활자화하였다. 이것은 큰 화제를 불러일으켰으며, 당시 시인·가인·작가들에게 커다란 영향을 주었다. 기타하라 하쿠슈는 그 영향을 가장 강하게 받았으며, 그 뒤에 그의 음률에 변화가 생겼다고 한다. 『운모집』에는 "여기에 와서 양진비초를 읽으면 금빛 광선이 비치는 기분이 든다", "한마음으로 노는 아이들 소리, 초가집에 퍼지는 빨간 가을 석양"이라고 노래한 것도 보인다. 기타하라 하쿠슈는 말한다.

---

4) 헤이안 중기에 생겨난 7·5조나 8·5조로 된 가요

어린이는 논다. 대자연의 품에 안겨서 자유롭게 논다. 새처럼 날고, 물고기처럼 헤엄치고, 벌레처럼 튀어오르고, 초목처럼 흔들고, 동물들처럼 뛰논다. 천진난만하게 몸도 마음도 편안하게 움직이며 논다. 놀면서 노래한다. 노래하면서 논다. 정말로 그들은 놀기 위해서 노래하기 위해서 태어난 듯이 보인다.

놀기 위해서 태어나고
장난치기 위해서 태어나고
노는 어린이의 목소리를 들으면
내 몸까지도 움직거린다.

양진비초의 이마요에 있는 그대로다. 어린이가 노는 것을 보면 어른도 뛰놀고 싶어진다.

—『초록의 촉각』

이 이마요가 수록된 부분의 앞뒤에는 창녀의 노래가 몇 개 붙어 있기 때문에 이것을 '창녀가 자신의 처지를 뒤돌아보며 가슴을 치는 후회를 노래'한 것이라는 해석도 있다. 하지만 오늘날에는 기타하라 하큐슈 식의 해석이 널리 일반적으로 받아들여진다. 다이쇼기 '동심주의'의 형성 이후, 우리들 마음속에 '천진한 어린이'에 대해 일어나는 감정 형태가 정착하여, 깊게 침투해버린 탓인지도 모르겠다.

기타하라 하쿠슈는 어른의 마음속에도 본성으로서 동심이 있기 때문에 인간은 귀중하다고 말한다. 동심의 핵심에는 어린이의 '성스러운' 심성에 대한 전통적인 사고방식이 있다. 그리하여 기타하라 하쿠슈는 어른 한사람 한사람의 자아에 '성스러운 동심'을 짜 넣었다. 이렇게 동심은 '근대적 자아'에 대한 관념, 즉 함부로 침범할 수 없는 성스러운 것이라는 생각을 일본적인 형태로 이해시키고 보급하는데 힘을 실어주었다.

3. 남성문화로서 동심주의

자아해방의 장치

'동심'을 둘러싼 말들은 이미 살펴본 것처럼, 단지 동심을 예찬하기만 한 것이 아니라, 어린이를 인간의 이상형(理想型)으로 끌어 올렸다. 이러한 경향은 나카무라 미츠오[中村光夫]에 따르면, 아동문학의 분야에만 보이는 것이 아니라 일본 근대문학 전반에 걸친 특색이었다. 요컨대 근대 일본에서는 "인간 해방이 어른들의 생활을 내면부터 철저하게 개조하지 못하여 어린이가 이상적 인간상을 대신"하게 된 것이었다. 그것이 문학의 세계에서는 "작가의 특권과 사명이 바로 어린이가 되는 것으로 여기는" 풍조를 낳았다(『문학의 회귀[文学の回帰]』). 당시 작가들이 외쳤던 '동심주의'는, 아이들의 문제이기보다 우선 어른인 자기 자신의 '해방'에 관계된 사항이었다. 1892년(메이지 25)에 기타무라 토코쿠[北村透谷]가 "연애는 인생의 비밀열쇠"라고 외친 이후, '연애'는 근대 일본인의 자아를 해방하는 수단이 되었는데, 다이쇼기에는 '동심'도 그 한쪽을 담당하였다.

그러나 '어린이로 돌아간다'는 것이 '자아해방'이라는 동심주의 도식은, '자아해방' 자체가 근대의 망상이라는 주장은 일단 접어두더라도, 나카무라 미츠오가 지적했듯이, '어른의 허위'와 맞서는 '어린이의 천진'이라는 과도한 단순화로, 사실은 '인간해방 의지의 좌절된 형태'를 '해방'이라고 착각하는 측면도 있었다. 하지만 오히려 그 때문에 '동심'은 당시 작가들에게 폭넓게 받아들여졌다. 서양의 문학과 철학에서 얻은 지식에 기초하여, 이상주의와 근대적 자아의 확립이라는 가치의식으로서 환영받았다. 그들은 '동심'의 관념을 매개로 서양식 가치관과 다이쇼기 일본이라는 현실 사회에 생존한다는 갈등에 그럭저럭 타협하였다. '동심'은 이와 같은 장치로서 작용하였기 때문에 시대의 키워드가 될 수 있었다.

'동심'의 이러한 작용은 때로 꽤 안이한 형태로 이용되기도 하였다. 예를 들면 당시의 시인이며 종교가였던 미야자키안이시에몬[宮崎安石衛門]은 자택을 '동심방(童心房)'이라고 이름짓고 어린이와 자연을 예찬하였다. 그리고 "어린이에게 듣고 어린이에게 배우는 것은 신에게 듣고 신에게 배우는 것과 조금도 다르지 않다"며 "어린이를 숭배하라"고까지 하였다(『풀 위의 학교[草の上の学校]』). 기독교와 불교의 영향을 받아 '동심'에 대해 말한 것이지만, 종교 용어와 어린이 숭배가 혼재된 그의 동심 예찬은 순진한 자기 긍정과 크게 다르지 않았다.

어린이를 키우는 현실

그러나 '동심'의 이런 '자아해방'의 이미지는 남성에게만 해

당된 것이었다. 당시 자아에 눈 뜬 신여성, 히라츠카 라이쵸우[平塚らいてう]를 비롯한 세이토샤[靑鞜社] 여성들은 남성과 똑같이 '연애'를 실천하였다. 그들은 단순히 남성의 연애 상대로 머물기를 거부하고 자신의 의지로서 주체적인 연애를 하여 자신을 해방하려고 하였다. 그러나 같은 자아해방이라고 해도 남성의 자아해방과 여성의 자아해방은 결정적인 차이가 있었다.

남성의 자기 해방이 매우 관념적이었던 것에 비해서 '가정'제도에 속박되어 법적 무능력자로서 취급받았던 여성들은 많은 현실 문제에 부딪쳤다. 연애결혼을 실천한다고 해도 그들의 눈앞에는 일과 양립하면서 키워야 하는 현실의 어린이가 있었다. 어린이를 키우는 현실에서는 '영원한 아이'에 관심을 기울이고 '동심'에 대해서 생각할 여유가 없었다. 여성의 경제적 독립을 주장하고 '여권주의'를 부르짖은 요사노 아키코[与謝野晶子]와 임신·출산으로 자립이 곤란한 모성을 보호하자고 요구한 '모권주의자' 히라츠카 라이쵸우, 거기에 야마다 와카[山田わか]와 야마카와 키쿠에[山川菊栄]가 가세한 유명한 '모성보호논쟁'이 시작된 것은, 바로 동심문학이 개화한 1918년(다이쇼 7)이었다.

모성 예찬과 모성 무시

동심 예찬자는 대부분 모성 예찬자이기도 하였다. 기타하라 하쿠슈는 「동요본론(童謠本論)」(『초록의 촉각』)에서 자장가를 인용하여 다음과 같이 말한다.

아아, 우리들은 이전에 모두 아기였다. 우리를 낳은 어머니 품에 안겨서 풍만한 젖가슴을 양손으로 찰싹찰싹 치면서 쭈욱쭈욱 빨아먹었다.

코코 쌔근쌔근 코코 잘 자라

코코 애보기는 어디로 갔나?

저 산 넘어 마을에 갔나? (…중략…)

들려온다 들려온다 자장가가, 지금도, 어른이 된 지금도 우리들 귀에 들려온다. 뭐라고 말할 수 없이 부드럽고 다정하며 따뜻한 가락이다. 어머니가 부르는 자장가를 들어야만, 비로소 어린이들의 정서는 풍부해진다. 은혜와 사랑, 시의 근본을 잊어서는 안 된다. 일본 어린이는 누구라도, 고향의 흙냄새를 잊어서는 안 된다.

가타하라 하쿠슈의 글에는 어머니의 사랑을 독점할 수 있었던 어린 시절에 대한 향수가 솔직하게 드러나 있다. 그러면서 동시에 깅한 성적 의미를 내포한다. 어머니에 대한 깊은 향수라 해도 이 같은 감각을 가진 모성 예찬은 여성이 지어내기는 어려울 것이다.

한편, 『빨간 새』 창간호에 실린 스즈키 미에키치의 대표작 「폿포의 수첩[ぽッぽの手帳]」에는 다른 의미로 여성 독자를 당혹하게 하는 묘사가 보인다. 이 동화는 스즈짱이 태어나 '폿포'라고 말할 수 있게 되는 과정이, 비둘기 두 마리가 갖고 있는 빨간색 작은 수첩에 적혀 있다는 사랑스런 이야기인데, 이 스즈짱을 낳은 것은 '집'이었다. "아버지는 언제 스즈짱을 낳아줄 거냐고 날마다 집에게 물었습니다. (…중략…) 집은 아버지와 어머니에게 내일 스즈짱을 낳아드리겠다고 말했습니다. (…중략…) 그 날 밤 어머니는 스즈짱이 누울 자리에 빨간 색 작은 이불을 정성들여 깔고, 그 옆에서 잠들었습니다. 다음날 아침에 눈을 뜨니, 집은

약속대로 스즈짱을 낳아 주었습니다.”

여기에는 일종의 ‘모성 무시’가 있다. 아무리 판타지라고 해도 정신적으로도 육체적으로도 매우 중요한 의미를 가지는 출산을 여성이라면 이렇게 다루지 않았을 것이다. 이것을 성에 관한 문제가 ‘어린이’ 세계에서 떨어져나가는 ‘근대화’ 과정이라고 볼 수도 있다.

하지만 이 과정은 이미 거의 완료되어 있었다. 메이지 20년대(1887~1897)까지는 어른의 처세술과 남녀 문제가 아동문학에 등장하기도 했지만, 메이지 30년대(1897~1907)에는 이미 “어른 세계 중에 어린이에게 가르치기 어려운 부분은 전부 없어졌다.”(사토 타다오[左藤忠男] 외, 「일본근대사회와 아동관[日本近代社会と児童観]」, 강좌 일본아동문학 제2권 『아동문학과 사회－보고와 심포지움[児童文学と社会－報告とシンポジウム]』) 그러나 ‘성에 관련된 부분이 없어진다[脱性化]’는 것은 단순한 성의 은폐만 아니라 모성 억압과 관련이 있었다. 스즈키 미에키치는 나중에 ‘집의 출산’ 부분을 손질한 듯한데, 죽은 뒤에 간행된 전집에서는 “다음날 아침 아버지가 눈을 떠보니 스즈짱이 태어나 있었습니다”로 되어 있다.

『빨간 새』에 등장하는 대부분의 아버지들은 아들과 딸을 차별하는 일이 없다. 자신이 실패했던 일도 말하고 후회하는 심정도 드러내며, 아이들을 사랑으로 교육하려고 애쓴다. 그들은 권위주의자도 지배자도 아니며, 아이들의 인격을 존중할 줄 안다. 그런데도 어머니이며 아내인 여성에 대해서는 당연하게 남성중심주의 태도가 나타나는 경우가 많다.

동심주의의 모성 예찬과 모성 무시는 표리일체가 되어 현실의 여성을 부정한다. 동심주의에는 남성 중심적인 측면, 즉 '남성문화'의 측면이 분명히 존재한다.

요사노 아키코의 동화·동요

다이쇼기 아동문학을 담당한 것은 대부분 남성이었고 여성들은 매우 적었다. '모성보호논쟁'의 중심인물인 요사노 아키코는 몇 명 안 되는 여류동화작가의 대표적인 존재였다. 요사노 아키코는 메이지 말기에서 다이쇼 중기까지 동화집 다섯 권을 발표하였다. 그러나 자유분방하고 정열적 연애를 노래했던 『흐트러진 머리[みだれ髪]』의 작자가 쓴 동화에는 '동심주의' 경향은 거의 볼 수 없으며 '동심'에 관한 것은 일부러 그런 것처럼 발견할 수가 없다.

아동문학연구가인 가미쇼 이치로[上生一郎]는 요사노 아키코의 아동문학에는 네 가지 특징이 있다고 말한다. 우선 아무렇지도 않게 인생 교훈이 담겨 있는 점과 익살이 있는 점, 두 번째는 자유분방한 공상이 없는 대신에 일상적이며 유아 생활에 밀착된 꿈이 있는 점, 세 번째는 문장이 쓸데없이 화려하지 않고 세련되지 않지만 안정되어 있는 점, 마지막으로 장편이 아닌 단편에 뛰어난 점이다. 요컨대 나중에 아동문학에서 말하는 "생활동화(生活童話)에 뛰어났다고 평가할 수 있다"고 하였다(『요사노 아키코의 아동문학[与謝野晶子の児童文学]』). 예를 들면, 「8일 밤[八つ夜]」의 주인공은 무슨 일에나 솔직한 여자 아이로 순진무구한 이미지를 지니고 있다. 이 여자 아이가 8일 밤을 다른 처지의

아이로 변신하여 생활하면서 여러 가지 경험을 하는 이야기이다. 어머니가 잠자리에서 아이에게 들려주는 이야기처럼 아이들 마음의 움직임에 따라 전개된다. 또 「금붕어 심부름꾼[金魚のお使]」에서는 전철을 탄 금붕어가 역무원에게 물이 담긴 쇠대야를 부탁한다. 이렇게 익살스런 요소가 풍부하여 어린이를 즐겁게 만든다.

이 같은 특징은 요사노 아키코의 동요에서도 볼 수 있다. 가미쇼 이치로에 따르면, 근대 일본 동요는 '기타하라 하큐슈, 사이조 야소, 노쿠치 우죠부터 제자 세대의 시인들 모두 익살과 재치가 부족하고 고지식'하기만 한 반면, 요사노 아키코는 "익살이 넘치고 쾌활한 동요야말로 어린이에게 어울린다"고 생각하였다. 요사노 아키코의 아동문학은 '동심주의'의 틀을 넘어 현실의 어린이와 함께 있는 어머니를 위한 동화·동요였다.

4. 료칸의 전설

소마 교후의 자기비판

'동심주의'는 잡지 『빨간 새』를 중심으로 하는 '동화·동요'운동에서 주로 형성되었다. 하지만 '동심'이란 말과 관련이 있었던 것은, 중앙문단에서 활약하고 '동화·동요'운동에 참가한 작가

들만이 아니었다. 특히 '동심'의 관념을
널리 보급시키는 데에 커다란 역할을 한
점에서는 소마 교후[相馬御風]를 빼놓을
수 없다.

소마 교후(共同 通信社 提供)

소마 교후는 와세다대학을 졸업한 뒤,
시마무라 호게츠 문하에서 『와세다문학』
의 편집에 참가하고 자연주의 논객으로
서 평론을 집필하였다. 또한 와세다대학 교가 「도시의 서북[都の
西北]」(1907)과 '부활(復活)'의 「카츄사의 노래[カチューシャの唄]」
(1914년 시마무라 호게츠와 합작)를 작사하는 등 시인으로 이름을 날
렸다. 이 노래는 마츠이 스마코[松井須磨子]가 주연으로 출연하여
노래하였는데, 당시에 굉장한 인기를 끌었다. 모교 교단에서 강
의한 적도 있었던 소마 교후는 당시 문단의 총아였다. 이렇게
'자신도 의외일 정도로 세간의 평가가 좋았던' 시기 1916년(다이
쇼 5)에 그는 『환원록(還元録)』을 쓰고 지금까지 이루었던 모든 것
을 비판하였다. 그리고 도쿄에서 이룬 자신의 지위마저도 버리
고 34세의 젊은 나이에 갑자기 고향인 니이가타 현 이토이가와
에 은거해 버렸다.

그는 『환원록』에서 "허위에 가득 차고, 너절하고, 텅 비어 정
말 용서할 수 없는 망상자"라고 자신을 고백하였다. "그리고 이
렇게 마음 절절히 고백하며, 지금까지 자신이 죄를 지은 사회에
서 단연코 몸을 숨겨, 진실로 자신이라고 말할 수 있는 한 인간
을 순수하고 선하게 하는 일에 온 힘을 다할 것"이라고 선언하
였다. 그리고 "거들먹거리며 이치를 다 아는 듯 말하는 자연주

의 주장자"가 된 경위를 이렇게 말한다. 요컨대 많은 책을 읽다 질려, "완전히 소화되지 않은 여러 가지 사상과 정서가 가득 차서, 정신적 소화불량증"에 걸렸지만, "통일할 만한 바탕이 없어 어쩔 수 없이 자신에게 가장 가깝고 자신과 가장 친밀하게 지내는 선배들이 취하고 있는 주장을 채용한 것일 뿐이었다."

또 그는 들떴던 문인 생활로 지나치게 가족의 희생을 강요하였고, 그것 때문에 자신도 얼마나 괴로웠던가를 자세히 썼다. 또 '주의라든가 외적 제도라든가 물질이라든가', 이런 '외적인 것에 갇혀서 본심으로 사람들을 대하지 못했다.' 또한 '모든 사물은 발전하기 마련이라는 막연한 생각으로 지냈지만 늘 외로웠다', '항상 모든 것이 마음에 들지 않았던 시기'에 해야 할 일은 '진정한 자아로 돌아가는 것'이라고 하였다. 그리고 고뇌 끝에 고향 사람들과 생활하면서 '진실한 인간주의 바탕, 진실한 자아 생활의 바탕을 발견했다'고 말한다.

> 내 어릴 때부터 고향에서 살아온 많은 소꿉친구들, 지금은 남편이 되고 아버지가 된 옛날 소꿉친구들 사이에서 겸허하고 유쾌하고 행복한 나 자신을 발견한다. 도쿄에서 지식인이라고 말하는 사람들 사이에서는 도저히 맛볼 수 없었던 것이다. (…중략…) 오랫동안 읽었던 투르게네프나 톨스토이, 도스토예프스키의 작품 밑바탕에 흐르는 순수한 인간에 대한 감정이 비로소 아무런 논리나 지식 없이도 머릿속으로 흘러 들어오는 느낌이 든다.

소마 교후가 아직 젊은데다 고향인 이토이가와에 가버린 것이 갑작스러웠기 때문에 그의 은둔에 대해 여러 가지 억측이 많았다. 당시 문인들이 동경하고 있던 전원생활을 실천한 것이라고도 하고, 소마 교후가 잡지 『근대사상(近代思想)』에서 오스기 사카에[大杉栄]와 논쟁하면서 오스기 사카에를 선두로 한 아나키스트들의 영향을 강하게 받았는데, 분명히 그들에게 휘말릴까 봐 두려워한 것이라고도 하였다. 하지만 계기는 어쨌든 그의 결의는 확고하였다. 그는 1918년(다이쇼 7)에 은사인 시마무라 호케츠의 장례식에 나타난 이후, 고향인 이토이가와에 살면서 죽을 때까지 상경하지 않았다.

료칸 전설의 형성

쇼마 교후는 은둔 후 '더욱 힘차게 사람들과 어울려 평범한 사람으로 건전하게 생활'하면서, 정신의 안정을 이루고 '범인주의(凡人主義)'를 주장하였다. 그리고 같은 니이카타 현(옛지명은 에치고) 출신의 승려, 료칸[良寬]의 연구에 착수하여 1918년(다이쇼 7)에 『큰 바보 료칸[大愚良寬]』을 저술하였다. 저자 스스로 '나 개인의 수양을 목적으로 연구한 결과 완성한' 것이라고 하였다. 그는 『큰 바보 료칸』에서 료칸의 생애와 예술을 논하고, 어린이와 숨바꼭질을 하거나 공놀이를 즐기는 료칸의 여러 가지 일화를 수록하였다.

그때까지 지방 위인으로만 알려졌던 료칸은 소마 교후의 저작으로 명확한 료칸 상(像)이 완성되었다. 그리고 때마침 일어난 종교에 대한 관심으로 일본전국에 알려졌다. 소마 교후와 같은 고향의 가인(歌人) 아이즈 야이치[会津八一]는 그 상황을 다음과 같이 말하였다.

료칸을 존경하거나 칭송하는 사람은 옛날부터 지방에 많이 있었다. 쇼마 교후 군이 1918년에 『료칸 시집』이나 『큰 바보 료칸』을 썼는데, 순서를 따지자면 빠른 축이라기보다 오히려 제일 늦은 축이다. 하지만 료칸의 음미 방법, 취급 방법이 손쉽고 능숙하며 알기 쉬워서 학자도 가인도 지식인도 그리고 평범한 일반 사람까지, 큐슈·타이완 구석구석까지, 료칸을 친숙하게 여기고, 누구나 좋아하는 승려로 만든 것은 완전히 소마 교후 군의 공적이며 이것은 실로 대단한 일이다.

—「소마 교후에 대하여[相馬御風のこと]」

현재 우리들에게도 친숙한 '료칸 전설'은 주로 소마 교후가 만들어낸 것이라고 해도 지나친 말이 아니다. 잡지 『빨간 새』가 창간되기 5개월 전에 간행된 『큰 바보 료칸』에는 어린이와 노는 료칸의 모습이 그려져 있다. 하지만 '동심'이라는 말은 한번도 사용되지 않았다. 소마 교후는 당시 톨스토이 같은 이들의 영향을 받아 인도주의 관점에서 료칸을 바라보았으며, '사랑의 사람'으로서 다루었다. 그러나 중앙문단에서 크게 선전된 '동심'이, 이윽고 소마 교후의 료칸론(論)의 틀로서 중요한 의미를 가지게 되었다. 나중에 소마 교후는 이렇게 썼다.

우리들이 가장 존경하는 료칸 스님은 일생동안 어린이들과 놀았다. 그것은 그에게 가장 즐거운 놀이였으며, 아마 가장 귀중한 수양이었을 것이다. (…중략…) 아마 료칸 스님만큼 동심의 귀중한 감화를 받은 사람도 드물 것이다. (…중략…)

료칸 스님을 생각하면 우리는 어린이와 공놀이하는 모습이 바로 떠오른다. 어린이가 노는 것을 보면 우리는 료칸 스님이 바로 떠오른다.

료칸 스님을 칭송하면서, 우리들은 동심의 감화를 소중히 여겨야 한다.

—「동심찬앙(童心讚仰)」

동심의 사람, 료칸

이렇게 해서 '료칸 전설'은 동심주의 풍조와 훌륭하게 엮이었으며, '어린이와 공놀이하는 료칸은 바로 동심의 사람'이라는 이미지가 널리 보급되어 정착하였다. 소마 교후는 같은 고향 친구인 오가와 미메이가 편집을 맡은 『소년문고(少年文庫)』(1906년 1호만으로 종간)에 동요도 기고하고, 안데르센 동화를 번역하기도 하였다. 그는 메이지 때부터 어린이의 읽을거리와 관계가 있었다. 그는 퇴임 후 더욱더 활발하게, 료칸이 어린이를 사랑했던 것처럼, 어린이를 위하여 동화와 동요를 창작하였다. 다이쇼기에 낸 작품만도 『상아 피리[象牙の笛]』(1920), 『작은 새의 노래[小鳥の唱]』(1921), 『은방울[銀の鈴]』(1923) 같은 동요집이 있으며, 1921년(다이쇼 10)에는 동화집 『흐려지지 않은 거울[曇らぬ鏡]』도 간행하였다.

이 책들에 수록된 작품은 일반인에게는 많이 알려져 있지는 않다. 하지만, 1923년(다이쇼 12)에 발표된 동요 「봄이여, 어서 오라[春よこい]」는 히로타 류타로가 곡을 붙여 지금도 사람들에게 애송된다. '빨간 꼬까신[赤い鼻緒の じょじょ]'이라든가 '밖에 나갈 거야[おんもへ出たい]'같이 유아어를 사용한 동요는 기타하라 하쿠슈의 동요와 느낌이 다르다. 하지만 이런 순박함이 오히려 소마 교후의 '동심'에 대한 깊은 생각을 엿볼 수 있게 한다.

소마 교후가 소리 높여 주장한 범인주의에 대해서는 "범인주의로 전환한 것은 막다른 곳에 다다른 자연주의의 탈출구로, 요시다 겐지로나 다른 이들에게도 볼 수 있듯이 하나의 조류"(오다

기리히데오[小田切秀雄])이며, 단지 소마 교후 한 사람만의 관심은 아니라는 견해도 있다. 가미쇼 이치로는 소마 교후에게 어린이라는 존재야말로 "이상적인 범인[理想的凡人]"이었다고 말한다「소마 교후의 아동문학[相馬御風の児童文学]」,『소마 교후 저작집[相馬御風著作集]』별권 2). 어쨌든 '진정한 자아', '진실한 자아 생활'이라는 그 자신의 말에도 알 수 있듯이, 소마 교후도 '동심'에서 나름대로 '자아해방'의 계기를 발견하였다.

소마 교후는 일생 동안 끊임없이 료칸을 연구하였다. 료칸에 관한 저작은『큰 바보 료칸』을 포함하여 단행본만도 21권이 넘는다. 그리고 1937년(쇼와 12), 처음으로 료칸의 노래가 세 편, 제4기 국정국어교과서『소학국어독본 9권(小学国語読本巻九)』에 수록되었다. 그중 두 편이 "안개가 길게 자욱히 낀 봄날에 아이들과 공놀이를 하면서 보내는 하루", "아이들과 공놀이하면서 지내는 이 마을의 봄날은 저물지 않으면 좋겠다"며 아이들과 공놀이하는 모습을 노래한 것이었다. 소마 교후는 수필「소학국어독본 9권에 새롭게 실린 료칸의 노래에 붙여[小学国語読本巻九に新採用の良寛の歌に就て]」에서 "오랫동안 료칸의 소개와 연구에 전념해 온 우리에게는 진실로 커다란 기쁨이었다"라고 쓰면서, 다시금 료칸의 '동심'에 대해서 말하였다(『료칸을 말한다[良寛を語る]』).

결말을 대신하여
동심의 수사학

일본사회주의동맹의 발족

1920년(다이쇼 9) 12월, 일본사회주의동맹이 결성되었다. 발기인 30명에는 마르크스주의자 사카이 토시히코[堺利彦], 야마카와 히토시[山川均], 아라하다 칸손[荒畑寒村] 그리고 아나키스트 오스기 사카에와 노동조합대표자들이 있었다. 그리고 이들과 나란히 오가와 미메이도 있었다. 당시를 회상하면서 에쿠치 칸[江口渙]은 다음과 같이 말한다.

그 무렵 오가와 미메이는 지금과 달랐다. 동화를 쓰기는 썼지만 주로 소설을 썼다. 그는 소설 중에 자주 노동자를 그렸다. 오가와 미메이의 소설에는 노동자가 나오면 반드시 굴뚝이 함께 등장한다. 굴뚝이 나오면 언제나 저녁 노을 진 구름이 나온다. 그리고 때로는 먹지 못해 자포자기한

노동자가 높은 굴뚝 위에서 목숨 건 물구나무서기를 한다. 그 모습은 도시의 하늘을 빨갛게 물들인 저녁놀을 배경으로 마치 하늘에 조각된 듯이 높다랗게 보인다. 이런 모습은 차라리 유쾌하기 조차하다. 우리들은 오가와 미메이를 '구름과 노동자와 굴뚝의 시인'이라고 불렀다. 이러한 그가 사회주의자의 호소에 답하여 문단과 사회운동의 중개자로서 기꺼이 발기인이 되었다.

—『속 우리문학반생기[続わが文学半生記]』

에쿠치 칸(共同 通信社 提供)

에쿠치 칸은 나츠메 소세키 문하에서 탐미적 작품으로 출발하였다. 하지만 그는 당시 사회에 대한 문제의식을 가지고 「노동자유괴(労動者誘拐)」 같은 작품을 쓰기 시작하였다. 그는 '뒤돌아보면…… 사회주의이론 따위는 하나도 없었지만, 정열에 불타는 사회정의감'으로 이 결성대회에 참가하였다. 오가와 미메이와 에쿠치 칸은 문단 안에서도 맨 먼저 사회주의와 아나키즘에 매료된 대표적인 존재였다.

오가와 미메이는 오스기 사카에가 『근대사상(近代思想)』에서 그의 작품을 비평한 후, 그와 아는 사이가 되었다. 그리고 프롤레타리아 문학운동 진전에 커다란 역할을 한 『씨 뿌리는 사람[種まく人]』과 페비안협회의 『사회주의연구(社会主義研究)』, 『해방(解放)』 같은 잡지에 원고를 실었다. 그리고 1925년(다이쇼 14)에, 일본 프롤레타리아 문예연맹이 설립되자 여기에 참가하였다. 에쿠치 칸이 소개한 "자포자기한 노동자가 높은 굴뚝 위에서 목숨 건 물구나무서기를 한" 것은 「공중 묘기[空中の芸当]」(『太陽』, 1920

년 11월호)라는 소설이며, 도둑 누명을 쓴 가난한 소년이 석유장
수에게 복수하는 「불을 켜지 않고[火を点ず]」(『씨 뿌리는 사람』, 1921
년 9월호)와 나란히 이 시기 오가와 미메이의 대표작이다. 그러나
아나키즘과 볼셰비키 공산주의의 대립이 심해지고, 이후 볼셰비
키 공산주의가 승리하게 되자, 낭만주의적 기질이 강한 오가와
미메이는 유물사관과 마르크스주의 입장이 강화된 프롤레타리
아 문학을 받아들일 수 없었다. 1926년(다이쇼 15), 그는 더 이상
소설을 쓰지 않고 동화에 전념하겠다고 선언하였다. 그리고 다
음해 1927년(쇼와 2)에는 아나키즘계열의 일본 무산파 문예연맹
을 결성하고 더욱더 아나키즘으로 기울어졌다(단, 그 뒤 전쟁 시기
에는 국가주의로 기울어진다).

　한편, 에쿠치 칸은 다이쇼기에는 아나키즘사상을 지니고 있
었다. 그는 후쿠다 육군대장 저격사건과 섭정궁 암살을 꾀하다
체포되어 사형 당한 테러리스트 나카하마 테츠[中浜鉄], 후루타
다이지로[古田大次郎]와 깊이 관련되어 있었다. 에쿠치 칸의 『속
우리 문학 반생기[続わが文学半生記]』에는 나카하마 테츠가 섭정
궁 암살 예정일 전에 체포되어 정보를 얻지 못하고, '진공 상태'
가 계속되었는데, "그 동안에도……『빨간 새』에 연작동화를 기
고하였다"는 글이 보인다. 그러나 이후 아나키즘을 떠나, 1929
년(쇼와 4)에 일본프롤레타리아작가동맹을 결성한 후 죽을 때까
지 마르크스주의 작가로서 활동하였다.

『빨간 새』와 프롤레타리아문학

이런 경력을 가지고 있었지만, 오가와 미메이와 에쿠치 칸은 『빨간 새』의 주요한 동화작가였다. 오가와 미메이는 최고로 많은 43편, 에쿠치 칸도 25편이나 『빨간 새』(전기)에 동화를 기고하였다. 『빨간 새』 작가이면서 사회주의자였던 사람은 이 둘만은 아니었다. 아키다 우자크, 가미츠카사 쇼켄, 시모무라 치아키, 호소다 타미키[細田民樹], 호소다 겐키치, 미야지마 스케오[宮島資夫]는 각각 방법은 달랐지만, 어떤 형태로든 프롤레타리아문학운동에 참여하였다.

그러나 나중에 '프롤레타리아 아동문학'에서 비판되었듯이 『빨간 새』 작품에는 구체적인 어린이 생활고나 계급의식이 없다. 오가와 미메이의 '시적 정의'에 대해서는 앞에서 서술한 그대로이며, 에쿠치 칸도 재화(再話)가 많았다. 그의 주장이 어느 정도 보이는 것은 「어느 날 오니 섬[ある日の鬼ヶ島]」(1927년 10월~11월)과 「그 날 이후 꽃 피우는 할아버지[その後の花咲かじじい]」(1928년 1월), 이렇게 몇 편밖에 없다. 전자는 평화롭게 살아가던 오니 섬에 모모타로가 습격해온다는 오니 편에서 쓰인 이야기이다. 후자는 정직한 사람이라고 원님에게 칭찬 받았던 꽃피우는 할아버지와 할머니가 욕심 많은 할아버지의 꼬드김에 넘어가 "재 뿌릴 테니 꽃 피우거라"라는 흥행에 나서지만, 돈을 벌려고 욕심 부리다가 실패한다는 「꽃피우는 할아버지」의 후일담으로, 아무리 봐도 오토기바나시의 패러디이다.

또한 아키다 우자크도 일본사회주의동맹에 참가하여, 쇼와

초기에 소련을 방문하고, 프롤레타리아 문화운동을 전개하는 등 활발한 활동을 하였다. 하지만 그가 쓴 「백조의 나라[白鳥の国]」(1920년 9월)도 진실에 눈을 뜨지 못한 몽매한 어른에게 희생되는 어린이를 백조 부자에 비유한 메르헨이었다. 백조 부부는 자신들의 훌륭한 모습에 만족

아키다 우자크

하며 각각 눈이 한쪽밖에 없지만 자신들만큼 세계를 올바로 보는 자는 없다고 생각한다. 그리고 네 마리 자식들에게 눈이 또 하나 붙어 있다고 몹시 슬퍼한다. 그들이 힘이 세고 난폭한 것은 그 탓이라 여기고, 자식들이 자고 있는 사이 한쪽 눈을 빼버린다. 갑자기 세상이 어두워져 버린 자식들은 독수리에게 간단히 붙잡혀 버린다. 이야기는 "백조 네 마리의 작은 가슴에 날카로운 발톱이 박혔습니다……. 백조 아기들의 심장은 지금이라도 찢겨질 것 같습니다" 하고 끝맺는다.

이데올로기에 관한 주장은 이처럼 기껏 메르헨이나 페러디 틀 안에서 또는 건강한 '약한 아이'(호소다 겐키치의 「도시에 나가봤더니」, 「로쿠죠와 도련님」)의 모습을 통하여서 조금 드러날 뿐이었다. 그들은 반전이나 반자본주의를 주장하였어도 『소년클럽』이 국가주의를 예찬한 것처럼 노골적으로 표현하지 않았다.

억제와 회의의 자세

『빨간 새』는 자기의 가치관을 확실하게 표현하지 않았다. 그

러면서도 시대의 지배적 가치관에 동조하려는 움직임에 대해서는 억제한다거나 회의하는 태도가 자주 엿보인다. 이러한 경향은 『소년클럽』과 견주어 보면 한층 선명하게 드러난다.

『소년클럽』은 입신출세주의와 국가주의를 외친 메이지 시기 이후 일본인에게 부지런히 일할 것을 요구하며 국가 발전을 이끌어 온 지배 가치에 동조한다. 그리고 명쾌하게 주장하며 앞서 이끌어나간다. 주인공들은 「아아, 옥잔에 꽃을 띄우고」(사토 코로쿠)처럼 '입신출세'를 목표로 고생을 견디며 부지런히 일하거나, 또는 「적중횡단 삼백리」(야마나카 미네다로)나 「아시아의 새벽[亜細亜の曙]」(야마나카 미네다로, 1931년 1월~1932년 7월)처럼 호쾌, 대담, 불굴의 정신으로 전장에 나아가거나 국가를 위해 초인적으로 일한다. 『소년클럽』을 대표하는 이 작품들은 『빨간 새』가 쇠퇴한 쇼와 시기에 들어와서 쓰인 것인데, 이러한 특징은 쇼와 시기 이전인 다이쇼기에서도 변함이 없었다.

1918년(다이쇼 7) 6월 증간호는 '입지소설호'라고 이름 지었는데, 그 내용은 보면, 입지이야기 「유고 출세 이야기[ユーゴー出世物語]」(에노모토 아키무라[榎本秋村]), 입지미담 「우이치로출세이야기[卯一郎出世物語]」(샤크 히데사부로[尺秀三郎]), 입지실화 「가난과 고생 휘[貧苦の後]」(다카세 분엔[高瀬文淵]), 입지소설 「자립[一本立]」(오쿠라 토로[大倉桃郎])처럼 모든 이야기가 입지소설로 메워져 있다.

그리고 군인이 쓴 '전쟁이야기'나 '알려지지 않은 전쟁이야기'로 「안상의 수훈[鞍上の殊勲]」(기병소좌·미와 요시마사[三輪好政], 1918년 1월), 「용사의 옛모습[勇士の面影]」(전 육군대장백작 오쿠야 스카타[奥保鞏], 1918년 2월) 등이 있으며, '군국 오토기바나시'로 이름

붙인 「미치오의 철권[光雄の鉄拳]」(고시마 히로시[小柴博], 1915년 7월), 「국경의 국기[国境の国旗]」(고시마 히로시, 1915년 8월), 미국과 일본이 전쟁을 시작하여 일본 해군이 미국 대함대를 격파한 「일미미래전(日米未来戦)」(미야자키 이치우[宮崎一雨], 1922년 1월~12월) 같은 것이 있다. 이러한 군국소설은 전쟁터에서 소년이 눈부시게 활약하며 일본군이 승리한다는 줄거리로 다이쇼 전시기에 걸쳐 게재되었다. 표면적으로는 평화분위기였지만, 타이완과 조선 그리고 중국 진출, 권익의 확대는 메이지 이래 국시였다.

그러나 『빨간 새』에서는 '입신출세'에 관심 있는 어린이는 거의 발견할 수 없다. 전기 『빨간 새』에는 단 두 명밖에 군국소년(?)이 등장하지 않는다. 이 두 명도 『소년클럽』에 등장하는 영웅 소년은 아니다.

그 중에 한 명이 가미츠카사 쇼켄 작품 「간이치와 군인[貫一と兵隊さん]」(1924년 11월)의 간이치이다. 간이치는 군대를 동경하여, 군대가 '아버지보다 학교 선생보다 하느님보다 위대하며', '빨간 모자를 쓰고 철포를 메고', '말을 타고 나발을 불고', '날마다 병정놀이를 하면서 논다'고 생각한다. 어느 날 지나가는 군대의 행진을 열심히 보고 있는데, 간이치의 허리띠가 반쯤 풀려서 늘어진다. 그것을 발견한 나발병이 열에서 뛰어나와 허리띠를 고쳐준다. 간이치는 너무 기뻐서 어쩔 줄 모른다. 그 뒤로는 군대가 행진할 때마다 일부러 허리띠를 풀어놓고 기다린다. 그러나 군인들은 언제나 모른 척하고 가버리고 간이치는 실망만 안고 돌아온다. 그리고 점점 군대를 싫어하게 된다. 여기에는 『소년클럽』 같은 애국심도 거꾸로 강한 반전의식도 없다. 어

디까지나 사소한 일상생활 속에서 지배 이데올로기에 대한 소극적 태도만이 나타난다.

또 한 명은 스즈키 미에키치의 「어린이 수병[こどもの水兵]」(1924년 9월)에 나오는 쥬짱이다. 줄거리는 쥬짱이 전투함을 타고 활약하는 무용담이다. 그러나 작품 어디에도 세계와 국가를 걱정하는 소년의 기개는 보이지 않는다. 쥬짱은 어른들과 섞여서 활약하지만, '작은 어른'이 아니라, 이름이 상징하듯이 '어른들의 귀여운 마스코트'이다. 늠름한 작은 해군복도 어린이의 사랑스러움을 강조하기 위한 수단이란 인상을 준다. 전투장면의 박진감 넘치는 묘사도 스즈키 미에키치의 익숙한 분야가 아니다.

> 전쟁이 거세게 시작되었습니다. 서로 쾅쾅 쏘아대더니만, 쥬짱의 발밑에 적의 불발탄이 하나 툭 하고 떨어졌습니다. 쥬짱은 아무렇지도 않게 불발탄을 안아 올리더니 풍덩하고 바닷속으로 던져 버렸습니다.
> 사령관은 그것을 보더니 "와, 어린 해병이 용감한 걸" 하며 싱글싱글 웃었습니다.

스즈키 미에키치는 1929년(쇼와 4)에 '국가주의 가치관을 기준으로, 기사도에 따라 소년 제군에게 정신교육을 시켜, 근면하고 성실하고 정의롭고 용감하며 고결한 인격을 가진 사람으로 육성할 것'을 목적으로 스스로 '일본기도소년단(日本騎道少年団)'을 설립하였으며, 육군의 후원으로 군대에서 하는 훈련을 실시하였다. 이처럼 그는 오히려 국가주의 측면을 지니고 있었다. 하지만 『빨간 새』에서는 그의 섬세한 미의식이 결과적으로 어린이를 군국주의 이데올로기에서 벗어나게 한 듯하다.

스즈키 미에키치의 『고사기』 재화

스즈키 미에키치가 『빨간 새』에 연재한 『고사기(古事記)』의 현대어 번역을 보면 그의 미의식이 어떠했는가를 파악할 수 있다. 이 작품은 '일본역사동화'로서 『빨간 새』에 연재되었다(1919년 7월~1920년 9월). 여기에 몇 부분을 덧붙여 『고사기이야기[古事記物語]』로 1920년(다이쇼 9)에 빨간 새 사(社)에서 단행본으로 상, 하권 두 권을 간행하였다. 단행본 서문에서 그는 "이 이야기를 예술적 작품으로서 소년소녀 제군과 함께 내 모든 독자 제군에게 바친다"고 썼다. 그리고 "지금 당장은 소년소녀 제군에게 의미가 없는 민요를 몇 가지 생략한 것과 어린이[小さい人]의 읽을거리로서 또는 인간관계 서술 때문에 어쩔 수 없이 손을 댄 것" 말고는 "될 수 있는 한 『고사기』의 기술을 그대로 따르려고 노력하였다"고 하였다. 예를 들면 원서의 "かれ、伊耶那美の神は火の神を生みたまへるによりて、つひに神避りましき (…中略…) ここに、その妹伊耶那美の命を相見むとおもほし、黄泉つ国に追ひ往でましき"(신쵸 일본고전집성[新潮日本古典集成], 『고사기』 니시미야 가즈타미[西宮一民] 교정하고 주를 달았음) 부분을 다음과 같이 번역하였다.

그런데 애석하게도 이자나미노 신이 마지막으로 힘들게 불의 신을 낳으셨을 때 몸에 화상을 입으시어, 그 때문에 마침내 돌아가셨습니다. (…중략…) 그리고 여신은 황천이라는 죽은 이들이 가는 어두컴컴한 나라로 떠나셨습니다. (…중략…) 신은 어떻게든 한 번 더 여신을 만나고 싶어서 마침내 여신의 뒤를 쫓아 어두컴컴한 황천으로 들어가셨습니다.

'이자나미노 신[伊耶那美の神]'이 '여신'으로 번역되는 것으로 알 수 있듯이, 스즈키 미에키치가 쓰면 『고사기』의 세계도 어쩐지 서양식이 된다. 『빨간 새』 삽화도 세기말 분위기가 떠도는 비아즈리[1] 풍의 '진구황후(神功皇后)'(니시마 니오우, 1920년 5월)가 그려져 있다. 동양과 서양의 역사의식을 넘어선 무국적 취향은 당시 지식인의 경향이면서 『빨간 새』의 큰 특색인데, 스즈키 미에키치의 글을 보면 이러한 취향이 한층 더 눈에 띈다.

「진구황후」(『빨간 새』 4권 5호 권두화)

1928년(쇼와 3)에 카이조샤[改造社]에서 『현대일본문학전집』 제33편으로 『소년문학집(少年文学集)』이 간행되었을 때, 스즈키 미에키치의 대표작으로 『고사기이야기』가 수록되었다. 여기에는 앞에 서술한 아키다 우자쿠의 「백조의 나라」도 실려 있다. 그러나 「백조의 나라」는 『빨간 새』에 실린 그대로 수록되었는데, 『고사기이야기』에는 많은 부분이 복자[2]로 되어 있다. 대부분이 천황을 시해하는 장면과 천황이 폭

---

1) 비아즈리(Aubrey Vincent Beardsley, 1872~1898) : 영국화가. 세기말 심미주의의 전형으로 환상적이고 에로틱한 펜화를 그림. 오스카 와일드의 『살로메』에 있는 삽화로 유명하다.
2) 문자 가운데 명기하기 곤란한 부분을 문자대신 O, X 같은 부호로 나타내어 인쇄한다.

정하는 장면에 많다. 메이지 초기의 역사교과서는 『고사기』나 『일본서기(日本書記)』에 기초하여 역대 천황에 대해 서술하였으므로, 부레츠[武烈]천황의 악행이 꽤 구체적으로 실린 것도 있었다. 그러나 천황의 이상화, 신격화에 맞지 않는 것은 서서히 삭제되어 '교육칙어'가 반포된 1890년(메이지 23) 이후 검정역사교과서에는 부레츠 천황 항목은 그 자체가 삭제되었다. 스즈키 미에키치는 이야기 전개에 필요한 장면으로 천황의 시해와 악행을 그렸지만, 카이조샤가 발행정지를 염려하여 자율규제한 것이었다. 카이조샤의 관점이 그대로 국가권력의 관점이라고 할 수는 없지만, 아마도 스즈키 미에키치의 예술지상주의 관심이 어쩔 수 없이 복자를 초래하였을 것이다.

산업화의 회의

국가주의와 나란히 근대 일본의 또 하나의 기둥인 산업발전에 대해서도 『빨간 새』는 무조건 예찬하지 않았다. 이미 언급한 「로크의 죽음」(스기오카 하나)은 약간 모자라지만 정직하고 착한 로크는 마을 사람들의 심부름을 도맡아 하며 생활하였는데, 어느 날 기차가 개통하게 되고 그 기차와 경주하다가 치어 죽는 이야기이다. 마을 사람들은 모두 로크의 마음씨가 착하다는 것을 알고, 로크를 좋아하고 귀하게 여긴다. 그러나 기차가 다니면 그는 할 일이 없어져 버린다. 작자는 로크의 죽음이라는 상징적 사건을 통해 근대문명과 바꾸어 무엇을 잃어버릴 수 있는가를 독자에게 묻고 있다.

또 요시다 겐지로의 「하늘성의 아이[天城の子]」(1926년 4월)도 급속한 근대화·도시화가 만들어낸 뒤틀린 모습을 하늘성에서 도쿄로 놀러 나온 소년의 눈을 통해 그려낸다. 자연의 품에 안겨 명랑하게 일하는 하늘성의 사람들과 반대로 도쿄 사람들은 '대체로 창백하고 너무나 피곤에 찌든 얼굴'을 하고, '모두들 서로를 의심하고, 미워하며 불안한 얼굴'을 하고 있다. 소년은 건강을 해치고, 하늘성으로 돌아가서야 겨우 생기를 되찾는다.

시기로 말하자면, 『빨간 새』에서 모집한 현상 동화극에 입선한 「흐르는 봄[春の流がれ]」(무쿠이 하츠몬[向井八門], 1922년 1월)이 더 빠르다. 논밭이 공장 건설로 메워지고 파헤쳐지자 물고기와 꽃이 죽어 버리고, 남겨진 들풀은 들판을 떠날 결심을 한다는 이야기이다. 스즈키 미에키치는 표현 기술이 미숙하다고 지적하면서도 "모든 기계적 진보가 때때로 우리들이 당연하다고 여겼던 행복한 삶을 파괴한다며, 문명 비판의 목소리를 이런 모습으로 나타낸 것은 꽤 재미있는 착상입니다"고 평하였다.

이처럼 『빨간 새』는 최초의 근대아동문학운동으로 탄생하여 근대화의 추진력이 된 도시 중산층을 주된 지지층으로 하면서도, 당시 근대 이데올로기에 대한 억제 또는 회의하는 태도를 지니고 있었다.

성공 열기와 동심

이러한 억제와 회의의 배후에는 이미 살펴본 것처럼, '어린이'를 순수하고 무구한 존재로 보는 '동심'과 이 귀중한 '동심'

이야말로 어른을 이끄는 길잡이라는 사고방식이 있었다. 그러나 물론 현실에서 '동심'이 당시 사람들의 행동을 이끄는 길잡이였을 리는 없다. 근대화·산업화 과정이 급속히 진행한 다이쇼기의 일본사회에서는 그 과정의 추진에 꼭 필요하였던 합리주의와 공리주의·업적주의야말로 지배가치였고, '동심(무구)'의 이상은 작은 가치에 지나지 않았다. 왜 지배적 가치관에 대립·역행하는 이런 관념이 어린이의 이미지로서 이 시기에 형성되어 사람들에게 받아들여지게 되었을까?

메이지 말기부터 '부국강병'·'식산흥업(殖産興業)'의 기치를 내걸고 정부 주도로 추진된 일본의 근대화·산업화는 다이쇼기가 되자 일반 서민 생활에도 침투하였다. 그 결과 한편에서는 개인에 대한 관심이 깊어지고, 서양의 사상과 지식을 받아들여 시민주의를 지향하는 이상주의가 발전하였다. 또 다른 한편에서는 자본주의의 급속한 발전에 따른 공리(功利)의 추구와 개인 생활을 누리려는 경향이 강하게 나타났다. 오늘날 소비문화의 원형은 거의 이 무렵에 생겨났다. 『빨간 새』에도 광고를 내었던 미츠코시오후쿠 상점이 일본에서 최초로 백화점 경영을 손을 댄 것이 1904년(메이지 37), 테이코쿠 극장이 생긴 것이 1911년(메이지 44), 도쿄 긴자에 생맥주집과 카페가 생겨 현대적 분위기를 가진 사교 장소로 흥청거리게 된 것도 메이지 말기이다.

도쿠토미 소호는 이런 시대 배경을 언급하면서, 메이지 청년은 국가독립을 가장 시급한 문제로 삼았지만, 다이쇼 청년은 "부자 3대째의 젊은 주인"이라 하였다. 도쿠토미 소호는 다이쇼 청년을 '모범청년'·'성공청년'·'번민청년'·'탐닉청년'·'무색

청년(無色靑年)', 이렇게 다섯 타입으로 나누고 '성공청년'에 대해 설명하였다. "다이쇼기에 가장 널리 퍼진 것은 성공 열기"이고, "성공이라고 하면 십중팔구는 부자가 되는 것"이며, 이 시기에는 '금전 지향'이 강했다고 하였다(『다이쇼의 청년과 제국의 전도[大正の靑年と帝国の前途]』).

'성공 열기'로 부귀와 권력을 둘러싼 경쟁이 격화하면, 이를 쟁취하기 위한 여러 가지 능력과 기교, 예를 들면 타인과 교섭하여 교묘히 이익을 얻어내는 능력과 사람을 속이는 능력뿐 아니라 때로는 자기 자신을 속이기 위한 기교마저 필요하게 된다. 그러나 성공을 둘러싼 업적 달성을 위해 능력과 기교를 발휘하면 할수록 이상주의의 자신에게 멀어져 버린다. 도쿠토미 소호가 말하는 '번민청년'은 '성공 열기에 반항하거나 또는 그 열기에서 뒤쳐지고, 그 외에 다른 여러 가지 이유로 세상을 이해하기 힘들고, 그리하여 이해하기 어려운 세상을 어떻게 헤쳐 나가야 할지 몰라 당혹'해 한다. 이 청년은 이상주의자인 자신을 쫓아가는 탓에 '번민'하는 것이다. 메이지 말기, '무구'한 어린이를 처음으로 소설에 그린 구니키다 돗포가 사업 '성공'에 깊은 관심을 기울이고 실제로 성공은 하지 못했지만, 사업과 문학 사이를 왔다갔다한 것은 잘 알려진 이야기이다.

'성공'을 향한 벡터(Vektor)[3)]에서 뒤쳐지면, 세속에 더러워지지 않은 순수함과 이상주의, 무아(無我)에 대한 동경은 '성공'에 대한 압력이 강하면 강할수록 커지게 된다. 이런 세상에 살아가는

---

3) 독일어. 크기 외에 방향을 가진 양(量). 속도, 가속도, 힘 같은 것을 말한다.

어른들은 동경을 퍼올리고, 세속의 더러움을 씻어내는 장소를 사회생활에서 격리된 어린이 마음, '동심'에서 구하였다. 사람들은 자신들이 기본적으로 지향하는—또는 지향해야 하는—근대산업사회의 가치체계에서 벗어나기보다는 오히려, 그 대치점에 있는 가치에 어린이를 놓고 거기에서 하나의 '구원'을 발견하려고 하였다.

부차적 가치로서 작용

'동심'의 이상은 항상 사회 중심적 '우성가치'와 대립한다. 그렇기 때문에 전체적인 가치체계 안에 기능적으로 편입되어 한 부분으로 제도화된다. 사회학 용어로 말하자면 '부차가치'의 하나이다. 부차가치란 사쿠타 케이이치[作田啓一]에 따르면, "사회가 기능하기 위해서는 필요하지만 우성가치와 양립하지 않으며", 항상 특정한 집단 또는 문맥 안에 한정된 형태로 유지된다. 부차가치의 중요한 작용은 '동기 조정'이다. 누구나 어떤 형태로든 경험하듯이 사회생활에서는 세력 관계나 또는 다른 여러 가지 원인으로, 개인 혼자 아무리 노력해도 거기에 합당한 보상을 얻을 수 없는 사태가 자주 발생한다. 그러나 그 때문에 사람들이 사회생활에 대한 의욕(동기 부여)을 잃어버리면 안 되기 때문에, 보상의 불균형을 누그러뜨리고, 동기 부여 에너지 저하를 막는 '동기 조정'의 메커니즘이 필요하다. 사쿠타 케이이치는 그 메커니즘의 예로, 퓨리터니즘(Puritanism)[4]이 행하는 금욕윤리의 작용

---

4) 청교도주의. 16세기 후반에서 17세기에 걸쳐 영국교회에 반대해 순수한 신앙

을 이야기한다. 이 윤리는 세속적인 보상을 단념하는 행위를 칭송하고 정신적 가치를 부여한다. 다시 말하면 '스스로 보상'을 만들어내어 동기 부여의 에너지를 재생산한다(『가치의 사회학[価値の社会学]』).

'부차가치'로서 '동심'에도 같은 작용이 있다. 우리들은 우성가치에 대립하는 '동심' 안에서, 사회생활을 어긋나게 하는 원인인 착함과 순수함, 그리고 약함과 무력함까지도 긍정하게 만드는 '스스로 보상'을 발견한다. 그 때문에 '동심'이 주는 '구원'에는 사회생활 중에 발생하는 실의와 패배에 대한 위로와 정당화가 포함된다.

그러나 '동심'의 작용이 반드시 우리들의 마음을 씻고, 세상사에서 생겨난 실의와 패배감을 위로해 주기만 하는 것은 아니다. 부차가치는 때로는 '대항가치'로서 우성가치를 의심하고 비판하는 근거로서 작용하여, 사회 전체의 가치관을 다양하게 만든다. 『빨간 새』에 볼 수 있는 일종의 태도 유보와 회의하는 자세도 이런 것과 무관하지 않다.

하지만 '동심(무구)'에 대한 그리움과 동경, 또는 일종의 불안함이 정치적으로 이용되면, 말년의 쇼와 천황이 '로얄·이노센스'로 찬미되는 것에서도 알 수 있듯이, '동심'과 '무구'의 이미지는 강력한 이데올로기 효과를 발휘한다. 쇼와 전기에 나타난 파시즘이나 군국주의사상에서도 '무구' 관념의 이러한 작용을 엿볼 수 있다. 또 '무구'한 어린이를 최고로 치는 '동심의 수사

___

을 구하면서 일어난 운동. 민주주의, 인권사상, 신앙의 자유, 사회계약설의 모태가 되었다.

법’은 현대 어린이를 둘러싼 모든 문제에 관해서 여러 정치, 사회적 맥락에서 자주 중요한 이데올로기 기능을 수행한다.

이런 측면에 대해서는 또 다른 충분한 검토가 필요하다. 우선 ‘동심’ 탄생에 중점을 둔 이 책의 관점으로 말하면, 다이쇼기의 동화·동요운동 속에서 생겨난 ‘동심’의 관념이 온화한 대항가치로서, 자칫하면 메이지 이후 하나의 가치체계에 지배될 뻔했던 근대 일본을 어느 정도 다양하고 복잡하게 만들고 깊이 있게 해주었다는 것은 인정해도 좋을 듯하다.

가미 쇼이치로[上笙一郎, 1933~] : 평론가, 아동문화사, 아동사연구가. 본명 야마자키 켄쥬[山崎健寿], 사이타마 현 출생. 칸 타다미치의 『일본의 아동문학』(1956)에 자극받아 아동문학평론을 하기 시작하였다. 그 후 아동문화연구, 아동사연구의 분야로 영역을 넓힌다. 주요 저서로 『동요의 고향[童謡のふるさと]』 2권(1962), 『일본의 아동문화』(1976), 『미메이동화의 본질』(1966), 『아동문학개론』(1970) 등이 있다.

구니키다 돗포[国木田独歩, 1871~1908] : 시인, 소설가. 치바 현 출생. 와세다 대학 중퇴. 「돗보음[独歩吟]」(1897)을 발표하여, 시인으로 인정받는다. 창작 단편집 『무사시노[武蔵野]』(1901)로 소설가의 재능을 보인다. 주요 저서로 『겐아저씨[源おじ]』(1897), 『잊을 수 없는 사람들[忘れえぬ人々]』(1897), 『궁사(窮死)』(1907), 『다케키노도[竹木の戸]』(1907), 『두 노인[二老人]』(1907)이 있다.

기무라 쇼슈[木村小舟, 1881~1955] : 아동잡지 편집자, 아동문학가, 아동문학사가. 기후 현 출생. 이와야 사자나미의 추천으로 하쿠분칸에 입사한다. 『소년세계』 편집을 담당하고, 「유년화보」 편집도 담당하는 한편 활발한 집필활동을 계속했다. 1915년 동아당(東亜堂)을 창립하고, 메이지 출판사를 경영하였다. 주요 저서로는 『사자나미 오토기 전집』 전12권, 『소년문학사(메이지편)』(상하 2권, 별책 1권)이 있다.

기타하라 하쿠슈[北原白秋, 1885~1942] : 시인, 가인. 후쿠오카 현 출생. 와세다대학 영문과 중퇴. 1906년 요사노 히로시[与謝野寛]의 신시사(新詩社)에 들어가 낭만주의에 빠지기도 하였지만, 이듬해 말 탈퇴한다. 모리 오가이의 영향을 받으며 사실파 및 사회파와 교류, 독

자적인 상징시풍을 확립한다. 전위예술가들의 모임 팬의 회[ペンの会]는 1910년 최고 절정기를 맞았으며, 다음해 『주란(朱欒)』을 창간, 많은 문학잡지를 주재하였다. 다이쇼기에 예술자유교육운동을 시작해서, 스즈키 미에키치가 주재한 『빨간 새』에서 동요 및 아동자유시 발전을 시도하였다. 주요 저작은 일본 근대문학관에서 다시 펴낸 시집 『사종문(邪宗門)』(1909), 『추억[思ひ出]』(1911), 『도쿄풍물시와 기타[東京景物詩及其他]』(1913), 가집 『오동나무꽃[桐の花]』(1913)이 있고, 동요집 『잠자리 눈동자[トンボの眼玉]』(1919), 『어린이 마을[子供の村]』, 『달과 호도[月と胡桃]』(1929)가 있다. 그밖에 『하쿠슈전집』 전18권(1929~1934)에 담겨 있는 저작과, 전집 이후 시가집 및 편저 『아동자유시 집성[児童自由詩集成]』(1933) 등이 있다. 시문집 『참새의 생활[雀の生活]』(1920), 번역동요집 『마더 구스』(1921), 시론집 『초록의 촉각[緑の触角]』(1929)과 가론집 『단가의 서[短歌の書]』(1942)의 성찰도 중요하다.

기쿠치 캔[菊池寬, 1888~1948]: 소설가, 극작가. 카가와 현 출생. 교토대학 영문과 졸업. 『시사신보(時事新報)』 기자를 하기도 했다. 간결한 묘사, 정확한 심리묘사, 명쾌한 주제로 「무명작가의 일기[無名作家の日記]」(1918), 「다다나오쿄행장기[忠直卿行狀記]」(1918) 등을 발표하여 인정받았다. 『빨간 새』에 동화 「낫토 싸움[納豆合戰]」(1919), 「함장의 아들[艦長の子]」(1920) 등을 발표하였다. 잡지 『문예춘추』를 창간·주재하여 문단의 중심인물이 되었다.

노구치 우죠[野口雨情, 1882~1945]: 민요, 동요시인. 이바라기 현 출생. 도쿄전문학교(현와세다대학) 고등예과 중퇴. 민중의 입장에서 민요의 중요성을 강조하였다. 향토시, 자연시를 썼으며, 기타하라 하쿠슈, 사이조 야소와 함께 동요운동의 제일선에서 활약하였다. 주요 저서로 동요집 『보름밤 달님[十五夜お月さん]』(1921), 『파란 눈의 인형』(1924), 『우죠 민요백편[雨情民謠百篇]』(1924) 등이 있다.

도요시마 요시오[豊島与志雄, 1890~1955] : 소설가, 번역가. 아동문학작가. 후쿠오카 현 출생. 도쿄대 불문과 졸업. 1914년 『제국문학』에 발표한 「그와 그의 숙부[彼の彼の叔父]」가 나카무라 세이코에게 인정받아 문단에 등장한다. 대학선배 스즈키 미에키치의 권고에 따라 아동문학에 관여하였으며, 『빨간 새』에 동화를 18편이나 기고하였다.

디킨슨(Dickinson, Emily 1830~1986) : 미국 시인. 그의 시는 신비스런 분위기를 지니고 있다. 그가 자기 조카들을 위해 쓴 매력적인 시를 모은 『젊은이를 위한 시(*Pome for Youth*)』와 『에밀리 디킨슨 시집(*Complete Poem of Dickinson Emily*)』이 있다.

모리 오가이[森鴎外, 1862~1922] : 소설가, 평론가, 군의. 시마네 현 출생. 제국대학 의학대학 졸업. 소설·평론·번역에서 근대 일본문학을 대표하는 작가로 꼽힌다. 아동문학에서는 문어체 번역 「전승(戰僧)」(1889), 구어체 번역 「신세계 우라시마[新世界の浦島]」, 이와야 사자나미 작 「고가네마루」 서문(1891)과 『소년세계』의 의뢰를 받아 쓴 「내가 14, 15살 때[僕十四五歳の時]」(1909)가 있다. 또한 「표준오토기문고」(『일본동화』·『일본전설』·『일본신화』, 1920~21)가 있다.

무샤노 코지사네아츠[武者小路実篤, 1885~1976] : 소설가, 극작가, 시인. 도쿄 출생. 학습원을 거쳐 도쿄대 사회학과 중퇴. 『황야(荒野)』(1908)와 동인지 『자작나무[白樺]』(1910)를 통해 적극적인 자아긍정을 이루었다. 제2차 대전 중에 「대동아전쟁에 대한 내 의견[大東亜戦争私観]」을 발표하여, 전쟁이 끝난 뒤 공직 추방 처분을 받았으나 1951년 해제되어 문화훈장을 받았다.

미야지마 스케오[宮島資夫, 1886~1951] : 소설가. 도쿄 출생. 처녀작 『갱부[坑夫]』(1916)는 노동문학의 성립을 알린 걸작으로 평가받았다. 『미움 뒤에[憎しみの後に]』, 평론집 『제4계급의 문학[第四階級の文学]』 같은 작품이 있다.

블레이크(Blake, William 1757~1827) : 영국의 시인이며 화가, 판화사(版画

師). 가난하지만 경건하게 일생을 보냈다. 독특한 신비사상을 지녔다. 시를 쓰고 삽화를 그려 넣어, 자비로 출판한 시집이 여러 권 있다. 특히 「무심의 노래(Songs of innocence)」는 동심을 예찬한 청순한 율조로, 만인에게 애독되는 불후의 명작이다.

사이조 야소[西条八十, 1892~1970] : 시인, 동요시인, 동요작사자. 도쿄 출생. 와세다 대학 영문과를 졸업하였다. 1924년 프랑스 유학하여, 소르본 대학에서 상징파 시인들과 교류하였고, 『빨간 새』에 최초의 동요 「잊혀진 장미[忘れた薔薇]」·「카나리아[かなりや]」를 발표하였다. 「카나리아」는 나리타 타메죠가 곡을 붙여, 근대 동요의 대표작이 된다. 기타하라 하쿠슈, 노구치 우죠 같은 동요작가들과 함께 다이쇼기 동요 발전의 주축이다. 『사이조 야소 동요전집』(1924), 제1동요집 『앵무와 시계[鸚鵡と時計]』(1921), 처녀시집 『사금(砂金)』 같은 작품이 있다.

세키 히데오(関英雄, 1912~) : 아동문학 작가, 평론가. 나고야에서 태어났으나, 아버지의 전직으로 각 지방을 전전하며 유년시절을 보냈다. 동인지 『시다[羊歯]』를 창간하였으며, 주로 자전적인 작품을 썼다. 『북국의 개[北国の犬]』(1942), 「양초 세 자루[三本のローソク]」(1948), 「명탐정 카코쨩[名たんていカッコちゃん]」(1958) 같은 대표작이 있고, 『아동문학론』(1955), 『신편 아동문학론(新編 児童文学論)』(1968) 같은 평론이 있다.

소마 교후[相馬御風, 1883~1950] : 평론가, 가인. 니이가타 출생. 와세다 대학에 졸업. 『시라유리[白百合]』 창간하고, 『와세다문학』 편집에도 참가하였다. 구어 자유시 성립에 힘썼으며, 1908년 「시적세계의 근본적 혁신[詩界の根本的革新]」 등을 발표하여, 당시 시단에 커다란 영향을 주었다. 독자적인 자연주의문학 이론도 전개하였고, 많은 평론, 번역, 수필을 발표하였다. 1916년 갑자기 『환원록(還元錄)』을 간행하고, 가족을 데리고 고향인 이토이가와로 귀향하였다.

이후 고향에서 승려 료칸을 연구하여 1918년 『큰바보 료칸[大遇良寬]』을 비롯하여, 료칸에 대한 많은 책을 집필하였다. 또한 그는 일찍부터 유아, 아동용 책이나 동요를 발표하였다. 그의 아동에 관련된 작품을 정리한 책은, 『꽃과 새』(번역동화집, 1908), 『인어의 노래[人魚の唄]』(번역동화집, 1914), 『상아의 피리[象牙の笛]』(고우타 악보, 1920), 『작은새의 노래[小鳥の唄]』(고우타 악보, 1921), 『은방울[銀の鈴]』(동화집, 1923) 등이 있다. 도쿄의 화려한 생활을 접고 고향으로 돌아가, 료칸 연구에 몰입한 그의 생애에서 알 수 있듯이, 그의 모든 작품에는 자신의 인생관이 반영되어 있다.

시마자키 토손[島崎藤村, 1872~1943] : 시인, 소설가. 나가노 현 출생. 메이지학원 졸업 후, 기타무라 토코쿠와 함께 『문학계』를 창간한다. 자연주의 대표 작가이다. 주요 작품으로 「신생」(1919), 「새벽이 오기 전에[夜明け前]」, 장편소설 『동방의 문』 등이 있다.

스즈키 미에키치[鈴木三重吉, 1882~1936] : 소설가, 동화작가, 잡지 편집 발행자. 히로시마 출생. 도쿄제국대학 영문과 졸업. 재학 중 나츠메 소세키에게 사사하고 그의 문하로 들어갔다. 1906년 처녀작 「물떼새[千鳥]」를 『불여귀[ホトトギス]』에 발표한 뒤, 「메아리[山彦]」·「뽕나무열매[桑の実]」 등 80여 작품을 발표하였다. 1918년 7월 "동화와 동요를 창작하는 최초의 문학운동"이라 하면서, 잡지 『빨간 새』를 창간하였다. 그는 1936년 사망할 때까지 약 20년간 『빨간 새』를 계속 발간하였다. 「고사기 이야기[古事記物語]」를 비롯하여, 매호 동화를 게재하면서, 『빨간 새』를 통해 아쿠다가와 류노스케를 비롯 수많은 작가를 배출하였다. 또한 『빨간 새』에 당대 최고의 작가와 삽화가들을 참가시켜, 동화·동요·동화극·자유시·자유화·글쓰기 같은 여러 분야에서 일본 아동문학 아동교육의 수준을 높이는데 결정적인 역할을 하였다.

아리시마 타게오[有島武郎, 1878~1923] : 소설가. 도쿄 출생. 삿포로농학

교 졸업 후, 미국으로 건너가 하버드대학에서 공부하였다. 고급관리인 아버지의 영향으로 서구식 교육을 받았다. 그의 모든 동화는, 인생의 부정적 장면(도벽·비겁 등)을 설정하고, 인간의 약함을 똑바로 바라보는 것에서 출발하여, 어떻게 살아갈 것인가를 어린이의 눈높이에서 체험, 고백하는 공통점을 지닌다. 『자작나무[白樺]』에 소설 「카인의 후예[カインの末裔]」, 「삶의 번뇌[生れ出づる悩み]」 등을 발표하여 다이쇼기 대표작가가 되었다. 동화 「한 송이 포도[一房の葡萄]」(1920), 「바둑돌을 삼킨 핫쨩[碁石を呑んだ八ちゃん]」(1921), 「화재와 포치[火事とポチ]」(1922) 등이 있다.

아리시마 이쿠마[有島生馬, 1882~1974] : 소설가, 화가, 아동문학 작가. 요코하마 출생. 자작나무파 동인. 창작집 『박쥐처럼[蝙蝠の如く]』(1913), 『남구의 날[南欧の日]』(1916) 등이 있다. 『빨간 새』에 동화 「대장의 아이와 경찰의 아이[大将の子と巡査の子]」, 「할머니의 이야기[ばあやの話]」 등을 집필하였다.

아쿠다가와 류노스케[芥川竜之介, 1892~1927] : 소설가. 도쿄 출생. 도쿄대 영문과 졸업. 대학 재학시절 『신사조(新思潮)』에 실린 『코[鼻]』로, 나츠메 소세키의 극찬을 받으며 문단에 등단하였다. 동화로 쓴 처녀작은 『빨간 새』에 기고한 「거미줄[蜘蛛の糸]」이 있고, 주요 동화 작품으로 「개와 피리[犬と笛]」, 「마술(魔術)」, 「두자춘(杜子春)」 같은 작품이 있다. 단편소설 「라쇼몽[羅生門]」(1917), 「지옥변(地獄変)」 같은 역작을 발표하여 인기작가가 되었으나 건강이 악화되어 창작에 어려움을 겪다가, 1927년 자살하였다.

아키다 우자쿠[秋田雨雀, 1883~1962] : 극작가, 동화작가. 아오모리 현 출생. 와세다대학 영문과 졸업. 프롤레타리아 문화운동을 전개하였으며, 제2차 대전 중에도 양심적 지식인의 자세를 잃지 않았다. 동화집 『동쪽 어린이에게[東の子供へ]』(1921), 『태양과 화원[太陽と花園]』(1921)이 있고, 대표작으로는 『손가락 인형의 세계[ゆび人形の世

界]』(1950) 등이 있다.

와카마츠 시즈코[若松賤子, 1864~1896] : 번역가. 후쿠시마 현 출신. 페
리스여학교 고등과 졸업. 졸업 후 모교 영어 교사로 근무한다. 1889
년 메이지여학교를 경영하던 이와모토 겐지와 결혼하였다. 「소공자」
(1890~92)를 『여학잡지』에 발표해서 이름이 알려졌다. 소공자는 당
시 번역으로서는 드물게 구어체를 잘 살려 높은 평가를 받았다. 이
밖에 어린이교육에 관한 수필을 많이 발표하였으며, 근대적 가정관
과 아동관을 주장하였다.

에구치 칸[江口渙, 1887~1975] : 소설가, 가인, 동화작가. 도쿄 출생. 본명
은 키요시[渙]. 도쿄제대 영문과 중퇴. 재학중인 1912년에 소설 「정
박한 배[かかり船]」로 문단에 데뷔하였다. 1914년 나츠메 소세키의
목요회에 출석하여, 아쿠다가와 류노스케, 기쿠치 칸들과 아는 사이
가 된다. 사상적으로는 오스키 사카에의 영향을 받아, 아나키즘에
매료된다. 1920년에 오가와 미메이들과 함께 일본사회주의동맹에
참가하였고, 1927년에 오가와 미메이들과 함께 일본무산파문예연맹
을 결성한다. 이후 다시 마르크스주의에 접근하여, 1928년에 전일본
무산자문예연맹결성에 합류한다. 그 후, 1930년부터 1933년까지 프
롤레타리아작가동맹의 위원장이 된다. 작품집으로는 『에구치 칸이
뽑은 작품집』 전3권이 있고, 동화집으로는 『나뭇잎 동전[木葉の小
判]』(1922), 『번개 아이[かみなりの子]』(1925), 『어린이 낙하산부대
[子供らっかさん部隊]』(1941) 등 8권이 있다.

엘렌 케이(Ellen Key, 1849~1926) : 스웨덴의 여류 사상가. 1880년부터 20
년 동안 스톡홀름의 시립중학교 교사와 노동자학교 강사로 재직한
뒤 저작 활동을 시작하였다. 작품 「아동의 세기」(1900)는 국제적인
주목을 받았으며, 각국어로 번역, 소개되면서 아동중심주의사상과
신교육운동의 새로운 지평을 여는 계기가 되었다.

오가와 미메이[小川未明, 1882~1961] : 소설가, 동화작가. 니이가타 현

출생. 와세다대학 영문학과 졸업. 재학시 시마무라 호케츠, 고이즈미 야쿠모 등과 교류하면서 츠보우치 쇼요의 지도를 받았으며, 19세기 낭만주의 문학과 러시아 문학을 탐독하였다. 대학 졸업 후 시마무라 호케츠의 지도를 받으며 「소년문고」를 편집하면서 동화 동요를 쓴 것이 아동문학으로 연결되어, 1910년에는 최초의 창작동화집 『빨간 배』를 출판하게 된다. 소설에도 힘을 쏟아 1912년에는 신낭만주의의 선구자로 평가받는다. 1920년, 일본사회주의동맹에 발기인으로서 참가한다. 1926년 「오가와미메이 선집」(소설 4권, 동화 2권)의 완결을 계기로 소설을 그만두고 '앞으로 동화작가로서'를 발표, 동화에 전념하게 된다. 1946년 일본아동문학자협회 초대 회장을 역임하고, 같은 해 12월 노마문예상, 1951년 예술원상을 수상하고, 1953년 예술원 회원이 되어, 문화공로자로 표창받는다. 주요 작품으로는 『빨간양초 와 인어』(1921), 『미메이 동화집』 전5권(1927~1931), 『정본 오가와미 메이 동화전집』(1976~1978), 『정본 오가와미에이 소설전집』 전6권 (1979)이 있다.

요사노 아키코[与謝野晶子, 1878~1942] : 메이지 · 다이쇼 · 쇼와기의 가인, 시인. 오사카 출생, 본명 쇼[晶]. 사카이 여학교 졸업. 처녀가집 『흩어진 머리[みだれ髪]』 출판하였으며, 요사노 텟간[鉄幹]과 결혼한다. 자유 분방하게 청춘의 정열과 인간을 예찬하였다. 주요 저서로는 가집 『작은 부채[小扇]』, 『독초[毒草]』, 『연의(恋衣)』, 『무희(舞姫)』, 『새로 번역한 겐지이야기[新訳源氏物語]』 등이 있다.

오시카와 슌로[押川春浪, 1876~1914] : 소설가. 마츠야마 출생. 와세다 대학 영문과 및 법과 졸업. 도쿄 전문학교 재학중 1900년 『해저군함』이 분부도[文武堂]에서 간행된다. 이 작품이 간행되자마자, 인기작가가 되었으며, 무협 6부작으로 불리는 속편을 잇달아 펴낸다. 모두 베스트셀러가 된다. 이후 하쿠분칸에서 잡지 『모험세계』의 주필을 역임하였고, 1921년에는 『무협세계』를 창간한다. 주요 작품으로 『해저군함』(1900), 모험소설 6부작 『공중 대비행정[空中大飛行艇]』(1902) 등이 있다.

우노 코지[宇野浩二, 1891~1961] : 소설가, 아동문학가. 후쿠오카 출생. 와세다대학 중퇴. 유머와 페이소스를 섞인 독특한 스타일로 대표작 『아이 빌려주는 집[子お貸し屋]』(1923), 『군항 행진곡』(1927) 등이 있다. 아동문학 작품으로는 번역·번안·재화를 통해 190여 편에 이르는 작품을 남겼다. 창작동화집 『바다의 꿈 산의 꿈[海の夢山の夢]』(1920), 『돌아오는 아이[帰れる子]』(1921) 등이 있다.

우에다 빈[上田敏, 1874~1916] : 번역가, 시인, 평론가. 도쿄 출생. 잡지 『문예계(文芸界)』, 『제국문학(帝国文学)』, 『샛별[明星]』에 시·평론·번역을 발표하였으며 해외문학도 소개하였다. 대표작 『예수[耶蘇]』, 번역시집 『해조음(海潮音)』, 『소용돌이[うつまき]』 등이 있다.

이와야 사자나미[巖谷小波, 1870~1933] : 작가, 소설가. 도쿄 출생. 사자나미는 평생 동안 동심을 잃지 않는 자유인이며, 어린이는 밝게 키워야 한다는 신념을 지니고 있었다. 독일에 유학 중이던 큰형이 공부에 도움이 되라고 보내준 오토의 『메르헨』이 그를 오토기바나시 세계로 이끄는 결정적인 계기가 되었다. 사자나미는 그 독일책을 읽으며 메르헨의 매력에 강하게 이끌렸다. 또한 일본 전통 노[能]나 교겐[狂言] 같은 것을 즐기던 할머니의 영향도 강하게 받았다. 오자키 고요가 주재하던 겐유샤 동인이 된 사자나미는 『가라쿠다문고』에 연애소설을 쓰다가, 하쿠분칸에서 간행된 소년문학총서 제1편 「고가네마루」로 당시 큰 인기를 모은다. 그는 창작오토기바나시를 쓰는 한편 일본 민담을 『일본옛이야기』·『일본오토기바나시』로 정리했고, 더 나아가 『세계오토기바나시』·『세계오토기문고』로 집대성했다. 만년의 큰 작업으로는 설화대관 『대어원(大語園)』 전 10권의 발행을 빼놓을 수 없다. 또 1900년 이후에는 일본 전국으로 강연 여행을 다녔다.

츠보다 죠지[坪田讓治, 1890~1982] : 소설가. 아동문학가. 오카야마 현 출생. 1908년 와세다대학 재학 중에 오가와 미메이에게 사사한다. 1919년 잡지 『검은 연기[黑煙]』를 창간하여 창작활동을 시작하였다. 1927년 『빨간 새』에 최초의 동화 「갓파 이야기[河童の話]」 발표한다. 「마술(魔術)」, 「쇼타와 기차[正太と汽車]」, 「개구리[蛙]」 같은 작품이 있다. 특히 「젠타와 기차[善太の汽車]」로 스즈키 미에키치의 극찬을 받는다. 평론집 『아동문학론』을 간행하여, "아동문학도 어른의 문학과 마찬가지로 어떻게 살 것인가를 탐구하는 것이어야 한다. …… 어린이에게도 현실을 가르치고 싶다. 현실 속에서 꿈을 꾸게 하고 싶다"고 제창하여 새로운 리얼리즘 아동문학 탄생의 계기를 만들었다. 그는 어린이의 생활과 심리를 리얼하게 묘사하여 생기 넘치는 어린이상을 만들어냈고, 소설과 마찬가지로 동화에도 인생을 그려내어, 아동문학을 어른문학과 같은 수준으로 끌어올렸다.

츠보우치 쇼요[坪内逍遥, 1859~1935] : 소설가, 극작가, 교육가. 기후 현 출생. 1885년 27세 때 『소설신수』를 발표하면서, 서양문학의 기법인 사실주의를 주장하였다. 와세다와 밀접한 관계를 가지고 문학·연극·교육에서 지도적 역할을 하며 『당대서생기질』(1885~1886)을 발표하여 주목을 받았다. 그 후 도쿄전문학교(현 와세다대학) 강의를 맡으며 문과를 창설해서 1891년 「와세다문학」을 창간 문단에 새 바람을 불러일으켰다. 주요 저서 『소요선집』 전15권(1926~1927), 번역서 『신수 세익스피어 전집』 전40권(1933~1935)이 있다.

쿠수야마 마사오[楠山正雄, 1884~1950] : 아동문학자, 연극평론가, 편집자. 도쿄 출생. 와세다대학 영문과 졸업. 와세다대학에서 근대연극을 강의하며 연극평론을 쓰고 희곡을 발표하기도 한다. 1915년부터 후잔보[富山房] 『모범가정문고』의 기획편집 담당, 32년까지 전24권 간행한다. 이 시리즈 중 『새롭게 본 이솝이야기』(1916), 『세계동화보물상자』(1919), 『일본동화보물상자』 상·하(1921~1922), 『소년 루미와 어머니』(1922) 등 5권을 편역하였다.

킹즐리(Kingsley, Charles 1819~1875) : 영국의 문학가, 목사. 영국 데본셔 호른 출생. 케임브리지 대학 교수. 소설을 쓰면서 아동문학을 같이 하였다. 소설 「하이페이셔(Hypatia)」와 판타지 「물의 아이(The Water Babies)」가 있다.

호소다 겐키치[細田源吉, 1891~1974] : 소설가. 도쿄 출생이나 양자로 들어가 사이타마 현에서 자랐다. 와세다대학 졸업. 단편집『죽음을 의지하는 여자[死を恃む女]』(1920)로 자연주의 작가로 알려진다.『대도(大都)』(1926) 이후부터 사회주의 경향으로 기울어진다.

호소다 타미키[細田民樹, 1892~1972] : 소설가. 도쿄 출생. 와세다대학 졸업. 군대 생활 후『어느 병사의 기록[或兵卒の記録]』(1924)으로 크게 호평받았다. 이후 프로레타리아 작가로 많은 장편과 단편을 발표한다. 주요 작품으로『검은 사형수[黒の死刑女囚]』,『진리의 봄[真理の春]』 등이 있다.

후쿠자와 유키치[福沢諭吉, 1835~1901] : 계몽사상가, 교육자. 오사카 출생. 나가사키에서 난학(蘭学 : 네덜란드 학문)을 배웠다. 1858년 에도에 올라가 난학을 가르쳤다. 게이오 의숙[慶応義塾]의 시작이다. 1862년 서양문물 시찰단 일원으로 유럽 여러 나라를 방문하였다. 양이토막(攘夷討幕)의 세찬 기운 속에서 「서양사정(西洋事情)」을 간행한다. 1867년 다시 한번 미국을 방문한 후, 교육과 저작에 의한 계몽활동에 전념한다.『훈몽궁리도해(訓蒙窮理図解)』(1868),『세계여러나라[世界国尽]』(1869),『계몽수습지문(啓蒙手習之文)』(1871),『학문의 권유[学文すゝめ]』(1872),『동몽교초(童蒙教草)』(1872),『문자지교(文字之教)』(1872) 같은 저서가 있다. 이 중에는 어린이를 위한 계몽서로서 교과서로 사용되는 것도 적지 않다. 세계의 모습, 물리학을 기본으로 하는 과학의 중요함, 독립심 등을 강조했다. 특히『복옹자전(福翁自伝)』(1899)은 오랜 세월 청소년층에서 애독되었다.

『**가라쿠타 문고**〔我樂多文庫〕』: 문예지(1885.5~1886.5, 필사회람본 8권; 1886.11~1882.2, 활자비매본 8권; 1886.5~1889.2, 공매본 16권; 통산 32권). 겐유샤의 기관지. 소설·신체시·와카·한시·센류[川柳] 같은 문학의 다양한 '잡동사니(가라쿠타)'를 게재하였다.

『**국민의 벗**〔國民之友〕』: 종합지(1887.2~1898.8, 전327권). 민유샤 발행. 도쿠토미 소호 창간. 극단적인 서구주의와 국민주의를 배격하고, 인민의 행복과 이익을 목표로 하는 평민주의에 입각해서 편집하여, 메이지 20년대의 수많은 논객들이 기고, 당시의 논단에 큰 영향력을 미쳤다.

『**근대사상**(近代思想)』: 문예사상지. ① 제1차(1912.10~1914.9, 전23권). 오스기 사카에, 아라하타 칸손이 편집. 겨울의 시대에 사회주의운동의 부활을 외친 첫 번째 주자로서 창간되었다. 현존사회에 대한 반역과 개인주의를 주장하였다. ② 제2차(1915~1916, 전4권). 제1차를 '지식적 수음[手淫]'이라고 자조하며 폐간한 후, 정치사상지로 다시 복간하였다.

『**금빛배**〔金の船〕』: 동화·동요잡지(1919~1929, 전11권). 긴노호시샤[金の星社]에서 발행. 이 잡지의 눈길을 끄는 연재가 '명작동화'의 소개이다. 각 나라의 유명한 동화를 적극적으로 번역하여 실었다. 1922년에는 『금빛별[金の星]』로 개명한다.

『**담해**(譚海)』: 아동잡지(1920.1~1944.4). 하쿠분칸에서 발행. 심상소학교 3, 4학년에서 고등소학교 1, 2학년까지를 독자 대상으로 하였다. 역사 인물이나 영웅호걸전을 소년소녀용으로 개작하여 게재하는 것이 편집 방침이었다.

『동화(童話)』: 동화·동요잡지(1920.4~1926.7, 전75권). 고도모샤[コドモ社]에서 창간. 다이쇼기를 대표하는 3대 잡지 중 하나이다. 창작 동화와 동요를 중심으로 신인작자를 발굴하고 향토성 짙은 작품이 실을 것을 목표로 삼았다. 편집실무자는 치바 쇼조였는데, 그도 많은 작품을 실었다. 나중에 사이조 야소도 합류하여 일본적 서정이 풍부한 동요를 실었다. 또한 항상 작품을 투고하는 독자군이 형성되어, 편집자와 독자 또는 독자와 독자 사이에 의견교환이 행해졌다.

『문예클럽〔文芸倶樂部〕』: 문예지(1895.1~1933.1, 증간호 제외 통권 457호). 하쿠분칸 발행. 발행인은 이시바시 시안이었고, 하쿠분칸이 그때까지 냈던 잡지류를 통합하였다. 순수문학의 입장에서 집필자도 대가와 신진을 망라하였다. 메이지 말년부터 점차 통속화하여 대중오락지가 되었다.

『문학계(文學界)』: 문예지(1893.1~1898.1, 전50권). 처음에는 여학잡지사에서 발행하였으나, 5호부터는 문학계잡지사에서 나왔다. 『여학잡지』의 젊은 기고자들을 주축으로 발간하였다. 주아성(主我性)·주정성(主情性) 짙은 낭만주의운동을 전개하였다.

『불여귀〔ホトトギス〕』: 하이쿠〔俳句〕 잡지(1897.1~   ). 마사오카 시키〔正岡子規〕, 다카하마 교시, 가와히가시 베키고토가 주로 집필하였다. 마사오카 시키가 모든 것을 담당하다가 그가 죽은 후, 다카하마 교시가 주재하여 사생문(写生文)을 발전시켜 메이지 40년대에는 소설잡지와 비슷해졌다. 하지만 다카하마 교시가 다시 하이쿠 문단에 복귀하면서, 전통하이쿠를 지향하는 이들이 결속하여 세력을 넓혀 커다란 주류를 형성하였다.

『소년문무(少年文武)』: 아동잡지(1890.1~종간불명). 『소년원(少年園)』의 과학기사를 담당해서 호평을 받았던 나카가와 가죠〔中川霞城〕가 주간을 맡았다. 창간 당시 과학·문예·이과·미술을 네 기둥으로 삼아, 문무가 균형을 이룬 교육을 강조하였다.

『소년세계문학(少年世界文學)』: 아동잡지(1902~1904). 『통속세계문학』의 자매편으로 창간. 처음에 50권 출간을 목표로 했으나, 16권만 출간되었다. 일본 옛이야기를 포함해 「이솝 이야기」, 「여섯 용사」, 「농부와 악마」, 「로빈슨 이야기」 같은 서양이야기도 발표되었다. 읽기 편한 언문일치의 우아한 문체를 사용하였으며, 저렴한 가격으로 가정에서 읽을 수 있도록 만들었다.

『소년원(少年園)』: 아동잡지(1888.11~1895.4, 통권 제156호로 종간). 월 2회 간행하였다. 당시 심상중학생을 중심으로 12~13세부터 18세 정도의 소년을 독자 대상으로 하였다. 국가 체제의 긍정과 찬미, 입신출세, 산업 중시, 실학 존중을 전면에 내세웠다.

『소국민(小國民)』: 아동잡지. 1889년 7월 월간으로 창간. 14호부터 보름에 한 번씩 나왔다. 이시이 켄도[石井硏堂]가 편집주임이었다. 국가에 대한 충성과 사랑을 바탕으로 하여 학교교육을 보조할 것을 목표로 하였다. 『소년원』과 함께 근대 일본 초창기 아동잡지로서 중요한 위치를 차지한다.

『소녀세계(少女世界)』: 소녀잡지(1906.9~1931.10). 하쿠분칸 발행. 『소년세계』의 자매판으로 창간. 전체적인 틀거리는 『소년세계』와 비슷하였고, 내용은 메이지 여자 교육에 기초를 둔 교양, 수신, 수예(修祀), 읽을거리, 투고 등 현모양처를 지향한 잡지였다.

『소녀의 벗〔少女の友〕』: 소녀잡지(1908.2~1955.6). 지츠교노 니혼샤 발행. 소학교 상급학년 이상의 여학생을 대상으로 하였다. 『일본소년』의 자매지로서 서정적 분위기를 주로 한 오락과 교양의 읽을거리와 독자 투고를 중심으로 편집하였다. 메이지부터 다이쇼기에 걸쳐서 인기를 끌었다.

『소년세계(小年世界)』: 아동잡지(1895.1~1933.1). 하쿠분칸 발행. 창간호에 '천황폐하 만세, 제국 만세'라는 큰 글자로 장식하였다. 제국주의사상이 강하게 느껴지지만, 겐유샤와 긴밀한 관계에 있었기 때문에 와카마츠 시즈코, 이와야 사자나미 같은 작가의 작품이 자주 실렸다.

『소년클럽〔少年俱樂部〕』: 소년잡지(1914~1962, 전611권). 현(現) 고단샤의 전신인 대일본웅변회(大日本雄弁会)에서 발행. 심상소학교와 고등소학교 전부 그리고 심상중학교 1, 2학년, 가능하면 3학년까지를 독자 대상으로 하였다. 소년들에게 '재미있고 유익함'을 주기 위해 만들었다는 이 잡지는 『빨간 새』를 비롯한 예술잡지가 서서히 쇠퇴의 길을 걸을 때, 대중잡지로서 왕좌를 차지하였다. 주로 장편소설을 연재하여 소년들의 인기를 끌었다.

『씨 뿌리는 사람〔種まく人〕』: 문예지. ① 제1차(1921년 4월까지 전3권) 프랑스에서 바르뷔스의 클라데운동의 영향을 받고, 귀국한 고마키 오우미[小牧近江]가 중심이 되어 창간하였다. ② 제2차(1921.10~1923.8, 전20권) 인터내셔널리즘, 노동 러시아 지지, 반전평화정신을 표방히였다. 무게 있는 작품은 없었지만, 무산예술운동의 기초를 쌓고, 그 방향을 제시하여, 일본프롤레타리아 문화운동사에 뚜렷한 발자취를 남겼다.

『시라가미 초지〔しらがみ草紙〕』: 문예지(1889.10~1894.8, 전59권). 『여학잡지(女学雑誌)』를 모태로 하였지만 나중에 독립하였다. 문학평론이 주로 이루어졌는데, 이시바시 노게츠의 유겐[幽玄]논쟁, 츠보우치 소요의 몰이상논쟁 및 모리 오가이의 맹렬한 평론이 유명하다.

『여학잡지(女學雜誌)』: 여성 교양 문예지(1885.7~1904.2). 이와모토 요시하루[岩本善治] 등이 주축이 되어 창간. 그는 어머니의 자녀교육을 중시하여 '어린이 이야기'라는 코너를 만들었다. 아동잡지는 아니었지만, 어린이의 읽을거리를 중시했던 그의 선견지명은 높이 평가할 만하다.

『와세다문학〔早稻田文學〕』: 와세다 대학계열 문예잡지. 1891년 츠보우치 쇼요가 창간. 『미타문학[三田文学]』의 탐미파와는 반대로 자연주의파가 주류를 이루며, 많은 작가, 평론가들이 배출되었다. 이 작가, 평론가들을 '와세다파'로 부르기도 한다.

『일본소년(日本少年)』: 아동잡지(1919년까지는 춘추 2회 증간. 1906.1~1938.10, 전422권). 지츠교노 니혼샤 발행. 공부하는 학생들과 일하는 소년들을 독자 대상으로 좋은 선생님 같은 잡지를 지향하였다. 창간 3년부터 3색판화로 화려하게 컬러삽화를 집어넣고, 솜씨 좋은 화가를 채용하여 다른 잡지와 차별화하였다. 또한 기자와 독자 사이 친밀하게 만드는 각종 애독자대회, 유람회 등을 개최하여 독자층이 확대되었다.

『일본평론(日本評論)』: 종합지(1890.3~1894.7, 전64권). 우메무라 마사히사가 주필. 정치·경제·교육 등의 평론 외에 신체시나 창작, 외국문학 번역·소개하였다.

『제국문학(帝國文學)』: 문예지(1895.1~1917.2, 1917.10~1920.1, 전296권). 다카야마 쵸규, 구와키 겐요쿠[桑木嚴翼]와 이노우에 테츠지로 등이 편집 주체이다. 문예지와 철학지의 양면성을 지녔다.

『중앙공론(中央公論)』: 종합지. 1887년 8월 창간.『반성잡지(反省雜誌)』로 개명(1892.5), 다시 1899년 1월부터『중앙공론(中央公論)』으로 이름을 바꾼다. 정부의 압력으로 1944년 7월호로 폐간하였다가 1946년 복간한다. 주로 학술, 사회평론을 다루었다. 자연주의가 대두하면서 문학도 중시하여 유명 작가들의 문제작도 게재하였다.

『태양(太陽)』: 종합지(1895.1~1928.2, 1896~1899년은 월 2회 간행, 그밖에는 월간, 별도로 임시증간 86권을 포함 전531권). 하쿠분칸 발행. 정치·경제·사회를 둘러싼 평론이 중심이었다. 예술과 가정생활면에도 힘을 쏟아 다이쇼기에 들어가기까지 종합지의 왕좌를 차지하였다. 창작에서는 겐유샤계 작가가 눈에 띄며 해외문학 번역도 많다. 다이쇼기 이후는 잡지의 역할이 후퇴했고 좌익계 문학평론의 등장으로 폐간하였다.

『해방(解放)』: 종합지. ①(1919.6~1923.9, 전52권) 사회주의 색채가 강
한 잡지로, 사회사상란의 평론이 특색이다. 문예란도 당초에는 시
마자키 토손을 고문으로 하여 대가와 중견 문인이 많았지만, 점차
노동자, 사회주의 작가의 작품이 생겨났다. ②(1925.10~1933.3, 전
48권) 사회주의적 잡지로 1927년 6월호부터 일본무산파연맹 기관지
가 되었다.

주요 참고문헌

会津八一, 「相馬御風のこと」, 『新潟日報』, 1950年 5月 10日(『会津八一全集』 제7卷, 中央公論社, 1982年).

秋田雨雀, 「芸術表現としての童話」, 『早稲田文学』 187号, 1921年 6月.

秋山清, 『アナキズム文学史』, 筑摩書房, 1975年.

芦谷信和, 『国木田独歩ー比較文学的研究』, 和泉書院, 1982年.

芦谷信和, 「独歩と外国文学ーワーヅワースの受容と感化」, 『国文学, 解釈と鑑賞』 56巻 2号, 至文堂, 1991年 2月.

阿部次郎, 『三太郎の日記』(第一), 東雲堂, 1914年(『合本三太郎の日記』, 角川選書, 1968年).

阿部次郎, 『人格主義』岩波書店, 1922年.

石川謙, 『我が国における児童観の発達』振鈴社, 1949年(上笙一郎 編, 『日本子どもの歴史叢書』 2, 久山社, 1997年).

石澤小枝子, 「児童文学の観点から見た『女学雑誌』」, 『フランス児童文学の研究』, 久山社, 1991年.

磯崎嘉治 編, 『巌本善治ー女学雑誌派連環』, 共栄社出版, 1974年.

伊藤公雄, 「〈開かれた〉イデオロギー装置ーメデイアとしての少年軍事愛国小説」, 京都大学新聞社 編, 『口笛と軍靴ー天皇制ファシズムの相貌』社会評論社, 1985年.

井上俊, 『悪夢の選択』, 筑摩書房, 1992年.

猪熊葉子他 編, 『講座日本児童文学』全8巻(別巻 2巻), 明治書院, 1973〜77年.

巌谷栄二, 「明治のお伽噺」, 『国語と国文学』, 1953年 10月号(日本文学

研究資料叢書『児童文学』, 有精堂, 1977年).

巖谷小波(季雄), 『ふところ鏡』, 大倉書店, 1907年.

巖谷小波(季雄), 『我が五十年』, 東亜堂, 1920年(『復刻叢書 日本の児童文学理論』, 久山社, 1987年).

巖谷小波, 『三十年目書き直しこがねまる』, 博文館, 1921年(『名著復刻 日本児童文学館』第二集14, ほるぷ出版, 1980年).

巖谷小波, 『「桃太郎主義教育」の話』(巖谷大四 編), 博文館新社, 1984年.

巖谷大四, 『波の跫音―巖谷小波伝』, 新潮社, 1974年.

上山春平, 『日本の思想』, サイマル出版会, 1971年.

臼井吉見, 『大正文学社』, 筑摩書房, 1963年.

宇野浩二, 「日本児童文学小史」, 『遠方の思出』, 昭和書房, 1941年.

宇野浩二, 『文学の三十年』, 中央公論社, 1947年.

江口渙, 『続わが文学半生記』, 春陽堂書店, 1958年.

榎克郎 校注, 『梁塵秘抄』, 新潮日本古典集成, 新潮社, 1979年.

遠藤早泉, 『現今少年読物の研究と批判』, 開発社, 1922年(『復刻叢書 日本児童文学理論』, 久山社, 1987年).

大沢正道, 「御風と大杉栄―「近代思想」誌面より」, 『相馬御風著作集』別巻2, 名著刊行会, 1981年.

大村英昭, 『日本人の心の習慣―鎮めの文化論』, NHKライブラリー, 1997年.

小川未明, 「私が『童話』を書く時の心持」, 『早稲田文学』187号, 1921년 6月.

小川未明, 「児童文学論」, 日本青少年文化センター, 1973年.

屋崎秀樹・西郷竹彦・鳥越信・宗武朝子, 『子どもの本の百年史』, 明治図書, 1973年.

加太こうじ, 『下町で遊んだ頃―「子どもの文化」再考』, 教育研究社, 1979年.

加藤謙一, 『少年倶楽部の時代― 編集長の回想』, 講談社, 1968年.

金子善八郎, 『相馬御風のノート―還元録の位相』, 新潟日報社, 1977年.

上笙一郎, 『日本児童文学の思想』, 国土社, 1976年.

上笙一郎, 「相馬御風の児童文学」, 『相馬御風著作集』別巻2, 名著刊行会, 1981年.

上笙一郎, 『与謝野晶子の文学』(関西児童文化史叢書 2), 関西児童文化史研究会, 1988年.

上笙一郎, 『日本子育て物語ー育児の社会史』, 筑摩書房, 1991年.

亀山佳明, 『子どもの嘘と秘密』, 筑摩書房, 1990年.

柄谷行人, 『日本近代文学の起源』, 講談社, 1980年(講談社文芸文庫, 1988年).

菅忠道, 『日本の児童文学1総論』, 増補改訂版, 大月書店, 1966年.

北原白秋, 『緑の触角』, 改造社, 1929年(『白秋全集』第20巻, 岩波書店, 1986年).

大股知史, 「制度と無垢の間」, 『日本文学史を読むV近代』1, 有精堂, 1992年.

木村小舟, (定次郎)『小波先生』, 小波還暦記念私家版, 1930年.

木村小舟, 『少年文学史明治篇』(上・下巻), 改訂増補版, 童話春秋社, 1949年.

木村小舟, 『少年明治文化史話』, 童話春秋社, 1951年.

教育学術会編集局 編, 『八大教育主張』, モナス, 1922年.

京都大学新聞社 編, 『口笛と軍靴ー天皇制ファ シズムの相貌』, 社会評論社, 1985年.

桑原三郎, 『「赤い鳥」の時代ー大正の児童文学』, 慶応通信, 1975年.

桑原三郎, 『諭吉 小波 未明ー明治の児童文学』, 慶応通信, 1979年.

桑原三郎, 『少年倶楽部の頃ー昭和前期の児童文学』, 慶応通信, 1987年.

香内信子 編, 『資料・母性保護戦争』, ドメス出版, 1984年.

紅野敏郎, 『文学史の園 1910年代』, 増補改正版, 青英社, 1984年.

小宮豊隆, 『漱石 寅彦 三重吉』, 岩波書店, 1942年.

小山仁示, 「大正 デモクラシーの統合と分極」, 古田光・作田啓一 ・生松敬三 編, 『近代日本社会 思想史』II, 有斐閣, 1971年.

今野信雄, 『江戸子育て事情』, 築地書館, 1988年.

西条八十, 『あの夢この歌一唄の自叙伝より』, イヴニングスター社, 1948年.

斎藤佐次郎(宮崎芳彦 編), 『斎藤佐次郎・児童文学社』, 金の星社, 1996年.

作田啓一, 『価値の社会学』, 岩波書店, 1972年.

作田啓一・富永茂樹 編, 『自尊と懐疑一文芸社会学をめざして』, 筑摩
　　書房, 1984年.

佐藤忠男, 『少年の理想主義』, 明治図書, 1964年.

佐藤忠男・続橋達雄・益田勝美・横須賀薫・横谷輝・乾孝・古田足
　　日, 「日本の近代社会と児童観」, 講座日本児童文学第二巻『児童文
　　学と社会一報告とシンポジウム』, 明治書院, 1974年.

佐藤通雅, 『日本児童文学の成立・序説』, 大和書房, 1985年.

佐藤通雅, 『北原白秋 一大正期童謡とその展開』, 大日本図書, 1987年.

「産育と教育の社会社」, 『叢書　産育と教育の社会社』(編集委員会　編)
　　全四冊, 新評論, 1983〜84年.

島崎藤村, 「童話について」, 『早稲田大学』187号, 1921年 6月.

島田厚・野田茂徳・田代慶一郎・飯沢耕太郎・宮田登, 『大正感情史』,
　　日本書籍, 1979年.

神野由紀, 『趣味の誕生一百貨店がつくったテイスト』, 勁草書房, 1994年.

鈴木三重吉赤い鳥の会 編, 『鈴木三重吉への招待』改訂版, 教育出版セ
　　ンター, 1982年.

関英雄, 「『赤い鳥』の童話」, 『「赤い鳥」復刻版解説・執筆者索引』, 日本
　　近代文学館, 1979年.

相馬御風, 『還元録』, 春陽堂, 1916年(『相馬御風著作集』第一巻, 名著刊
　　行会, 1981年).

相馬御風(昌治), 『大愚良寛』, 春陽堂, 1918年.

相馬御風, 「童心讃仰」, 『相馬御風随筆全集第二 雑草のごとく』, 原生
　　閣, 1936年(『相馬御風著作集』第二巻, 名著刊行会, 1981年).

相馬御風, 『良寛を語る』, 博文館, 1941年.

高橋一郎, 「明治期における『小説』イメージの転換」, 『思想』812号, 1992年 2月.

竹内仁, 「阿部次郎氏の人格主義を難ず」, 『新潮』, 1922年 2月号(『現代日本文学全集94 現代 文芸論集』1, 筑摩書房, 1958年).

竹内洋, 『立志・苦学・出世―受験生の社会史』, 講談社現代新書, 1991年.

竹内洋, 『立志出世主義―近代日本のロマンと慾望』, NHKライブラリー, 1997年.

千葉俊二, 「『少年文学』にみる子ども像」, 『国文学』32巻 12号, 学燈社, 1987年 10月.

津金澤聰廣, 『宝塚戦略』, 講談社現代新書, 1991年.

津金澤聰廣 編著, 『近代日本のメディア・イベント』, 同文館, 1996年.

筒井清忠, 『日本型「教養」の運命』, 岩波書店, 1995年.

坪田譲治, 「児童文学の早春」, 『児童文学論』, 日月書院, 1938年.

鶴見俊輔, 「大正期の文化」, 『岩波講座 日本歴史19現代』2, 岩波書店, 1968年.

鶴見俊輔, 『私の地平線の上に』, 潮出版社, 1975년(『鶴見俊輔集』8, 筑摩書房, 1991年).

德富蘇峰, 『大正の青年と帝国の前途』, 民友社, 1916年(『近代日本思想大系8 德富蘇峰集』, 筑摩書房, 1978年).

富永茂樹, 『都市の憂鬱』, 新曜社, 1996年.

鳥越信, 『日本児童文学案内』, 理論社, 1963年.

中河伸俊・永井良和 編, 『子どもというレトリック―無垢の誘惑』, 青弓社, 1993年.

中野光, 『大正自由教育の研究』, 黎明書房, 1968年.

中野久夫・先崎昭雄・河田宏, 『大正の日本人』, ぺりかん社, 1981年.

中野翠, 「団塊の世代と昭和天皇」, 『文芸春秋』, 1989年 3月号.

中村光夫, 『文学の回帰』, 筑摩書房, 1959年.

中村光夫,『明治文学史』, 筑摩書房, 1963年.

滑川道夫,『日本児童文学の軌跡』, 理論社, 1988年.

『南阿』21巻 10号(巌谷小波先生追悼記念号), 1933年 10月.

新間進一校・訳,「梁塵秘抄」,『神楽歌 催馬楽 梁塵秘抄 閑吟集』(日本古典文学全集25), 小学館, 1976年.

西宮藤朝,「新童話文学の勃興」,『早稲田文学』172号, 1920年 3月.

日本児童文学学会 編,『赤い鳥研究』, 小峰書店, 1965年.

日本児童文学学会 編,『日本児童文学概論』, 東京書籍, 1976年.

日本児童文学学会 編,『研究＝日本の児童文学2 児童文学の思想史・社会史』, 東京書籍, 1997年

日本文学研究資料叢書『児童文学』, 有精社, 1977年.

根本正義,『鈴木三重吉と「赤い鳥」』, 鳩の森書房, 1973年.

野口雨情,『童話十講』, 金の星出版部, 1922年(『復刻叢書 日本の児童文学理論』, 久山社, 1987年).

野辺地清江,『女性解放思想の原流一巌本善治と「女学雑誌」』, 校倉書房, 1984年.

長谷川洋三,「良寛研究への道一修羅から在家的出家へ」,『相馬御風著作集』別巻2, 名著刊行会, 1981年.

畑中圭一,『童謡論の系譜』, 東京書籍, 1990年.

福田清人,『硯友社の文学運動』, 藤村作 編,『明治文学研究』一, 山海堂出版部, 1933年(『近代文芸評論叢書』28, 日本図書センター, 1992年).

福田清人,『国木田独歩』, 新潮社, 1937年.

藤田圭雄,『日本童謡史』I, あかね書房, 1985年.

古島敏雄,『子供たちの大正時代一田舎町の生活誌』, 平凡社, 1982年(平凡社ライブラリー, 1997年).

古田足日,『現代日本児童文学への視点』, 理論社, 1981年.

本田和子,『異文化としての子ども』, 紀伊國屋書店, 1982年.

本田和子, 『子どもという主題』, 大和書房, 1987年.

前田愛, 『近代読書の成立』, 有精堂, 1973年(『前田愛著作集』第二巻, 筑摩書房, 1989年).

槇本楠郎, 『プロレタリア児童文学の諸問題』, 世界社, 1930年.

槇本楠郎, 『新児童文学理論』, 東苑書房, 1936年.

三木露風, 『真珠島』, アルス, 1921年.

見田宗介, 『現代日本の心情と論理』, 筑摩書房, 1971年.

南博＋社会心理研究所, 『大正文化』, 勁草書房, 1965年.

宮崎安右衛門, 『草の上の学校』, 平凡社, 1926年.

宮田登, 「日本の伝統的子ども観」, 『子ども文化の原像』(岩田慶治　編), 日本放送出版協会, 1985年.

牟田和恵, 『戦略としての家族―近代日本の国民国家形成と家族』, 新曜社, 1997年.

柳田泉・勝本清一郎・猪野謙二　編, 『座談会　大正文学史』, 岩波書店, 1965年.

柳田國男, 「明治大正史 世相編」, 『柳田國男全集』26, ちくま文庫, 1990年.

山口玲子, 『とくと我を見たまえ―若松賤子の生涯』, 新潮社, 1980年.

山崎正和・高坂正堯, 「ロイヤル・イノセンス」, 『文芸春秋』, 1989年 3月号.

山中恒・山本明　編, 『勝ち抜く僕ら小国民―少年軍事愛国小説の世界』, 世界思想史, 1985年.

湯川秀樹, 『旅人』, 朝日新聞社, 1958年(『湯川秀樹自選集』第5巻, 朝日新聞社, 1971年).

横須賀薫　編, 『児童観の展開』(近代日本教育論集5), 国土社, 1969年(上笙一郎　編, 『日本子どもの歴史叢書』3, 久山社, 1997年).

吉田精一, 『明治大正文学史』, 修文館, 1941年.

吉田精一, 「鈴木三重吉論」, 日本児童文学学会　編, 『赤い鳥研究』, 小峰書店, 1965年.

吉見俊哉, 『博覧会の政治学』, 中公新書, 1992年.

若松賤子, 『小公子前編』, 女学雑誌社, 1891年(『小公子』, 博文館, 1897年).

若松賤子・刊行委員会 編, 『若松賤子一不滅の生涯』, 共栄社出版, 1977年.

Ariés, Philippe., *L'Enfant et la vie familiale sous l'Ancien*, Régime, Plon, 1960(杉山光信・杉山恵美子 訳, 『＜子供＞の誕生－アンシャン・レジーム 期における子供と家族生活』, みすず書房, 1980年).

Berger, Peter L. and Luckmann, Thomas, *The Social Construction of Reality*, Doubleday, 1966(山口節郎 訳, 『日常世界の構成』, 新曜社, 1977年).

Coveney, Peter., *The Image of Childhood －The Individual and Society : A Study of the Theme in English Literature*, Penguin Books, 1967(江河徹監 訳, 『子供のイメージ ― 文学における「無垢」の変遷』, 紀伊國屋書店, 1979年).

Foucault, Michel., *Surveiller et Punir －Naissance de la prison*, Gallimard, 1975(田村俶 訳, 『監獄の誕生一監視と処罰』, 新曜社, 1977年).

Hobsbawm, Eric and Ranger, Terence(eds.), *The Invention of Tradition*, Cambridge University Press, 1983(前川啓治・梶原景昭他 訳, 『創られた伝統』, 紀伊國屋書店, 1992年).

Illich, Ivan., *The Deschooling Society*, Harper & Row, 1971(東洋・小沢周三 訳, 『脱学校の社会』, 東京創元社, 1977年).

Karp, David A. and Yoels, William C., *Experiencing the Life Cycle : A Social Psychology of Aging*, Charles C. Thomas, 1982.

Postman, Neil., *The Disappearance of Childhood*, Dell Publishing Company, 1982(小柴一 訳, 『子どもはもういない』, 新樹社, 1985年).

Read, Herbert., *The Cult of Sincerity*, The Herbert Read Discretionary Trust, 1968(相原幸一 訳, 『無垢の探究』, 紀伊國屋書店, 1970年).

Shorter, Edward., *The Making of the Modern Family*, Basic Book, 1975(田中俊宏・岩橋誠一・見崎恵子・作道潤 訳, 『近代家族の形成』, 昭和堂, 1987年).

van den Berg, Jan H., *Metabletica*, Uitgeverij G. F. Callenbach N. V., 1956(早坂

泰次郎 訳,『メタブレテイカ─変化の歴史心理学』, 春秋社, 1986年).
Winn, Marie., *Children without Childhood*, Pantheon Book, 1983(平賀悦子 訳,『子
　　ども時代を失った子どもたち』, サイマル出版会, 1984年).
『女学雑誌』復刻版, 臨川書店, 1984年.
『少年世界』(一部復刻), 名著普及会, 1990〜91年.
『赤い鳥』復刻板, 日本近代文学館, 1979年.
『金の船 / 金の星』復刻版, ほるぷ出版, 1975年.
与田準一他 編,『赤い鳥代表作集』全3巻(日本児童文学集成 第一期), 小
　　峰書店, 1958年.
加藤謙一 編,『少年倶楽部名作選』全6巻, 講談社, 1966〜69年.
菅忠道他 編,『日本児童文学大系』全6巻, 三一書房, 1955年.
大藤幹夫他 編,『日本児童文学大系』全30巻, ほるぷ出版, 1977〜78年.
日本児童文学学会 編,『児童文学事典』, 東京書籍, 1988年.
大阪国際児童文学館 編,『日本児童文学大事典』全3巻, 大日本図書,
　　1993年.

이 책에서 분석 자료로 사용한 『赤い鳥』 게재 작품

青木健作, 「仇討」(大正 12年 2月, 10巻 2号).
秋田雨雀, 「白鳥の国」(大正 9年 9月, 5巻 3号).
秋田雨雀, 「蝿の勝利」(大正 10年 6月, 6巻 5号).
芥川龍之介, 「蜘蛛の糸」(大正 7年 7月, 1巻 1号).
芥川龍之介, 「魔術」(大正 9年 1月, 4巻 1号).
芥川龍之介, 「杜子春」(大正 9年 7月, 5巻 1号).
芥川龍之介, 「アグニの神」(大正 10年 1, 2月, 6巻 1, 2号).
網野真円, 「答案」(大正 11年 11月, 9巻 5号).
有島生馬, 「泣いて褒められた話」(大正 7年 8月, 1巻 2号).

有島生馬, 「大将の子と巡査の子」(大正 7年 10月, 1巻 4号).

有島生馬, 「ばあやの話」(大正 8年 8月, 3巻 2号).

有島生馬, 「爺やの話」(大正 8年 11月, 3巻 5号).

有島生馬, 「鈴子さんのお母様」(大正 9年 1月, 4巻 1号).

有島生馬, 「おねぼけ叔父さん」(大正 9年 5月, 4巻 5号).

有島生馬, 「宝探しの計略」(大正 10年 6月, 6巻 6号).

有島武郎, 「一房の葡萄」(大正 9年 8月, 5巻 2号).

伊従登美子, 「草履」(大正 15年 12月, 17巻 6号).

伊従登美子, 「転校したころ」(昭和 2年 8月, 19巻 2号).

市上さわ子, 「常ちやん」(大正 11年 3月, 8巻 3号).

市上さわ子, 「北川さん」(大正 15年 6月, 16巻 6号).

伊東英子, 「弱虫」(大正 8年 4月, 2巻 4号).

伊東英子, 「朝顔」(大正 9年 6月, 4巻 6号).

伊東英子, 「喧嘩のあと」(大正 9年 11月, 5巻 5号).

伊東英子, 「洗礼」(大正 11年 6月, 8巻 6号).

伊藤高麿, 「兄弟」(大正 13年 4月, 12巻 4号).

伊東文雄, 「三輪車」(昭和 2年 6月, 18巻 6号).

伊東文雄, 「はげ」(昭和 2年 11月, 19巻 5号).

伊東文雄, 「官舎の子」(昭和 4年 1月, 22巻 1号).

岩田ひろむ, 「ドイツ人」(大正 15年 10月, 17巻 4号).

宇野浩二, 「蕗の下の神様」(大正 10年 1月, 6巻 1号).

宇野浩二, 「或アイヌ爺さんの話」(大正 10年 4月, 6巻 4号).

宇野浩二, 「我儘太郎」(大正 11年 10, 11月, 9巻 4, 5号).

宇野浩二, 「天国の夢」(大正 12年 7月, 11巻 1号).

宇野浩二, 「曲馬団と少年」(昭和 2年 1月, 18巻 1号).

宇野四郎, 「お金持と子供の国」(大正 13年 10月, 13巻 4号).

宇野千代, 「桃の実」(大正 15年 6月, 16巻 6号).

宇野千代,「空になつた重箱」(昭和 2年 1, 2月, 18巻 1, 2号).

宇野千代,「靴屋の三吉」(昭和 2年 7, 8月, 19巻 1, 2号).

宇野千代,「ぴいぴい三吉」(昭和 3年 5月, 20巻 5号).

江口渙,「ある日の鬼ヶ島」(昭和 2年 10, 11月, 19巻 4, 5号).

江口渙,「その後の花咲爺」(昭和 3年 1月, 20巻 1号).

江口千代,「世界同盟」(大正 8年 3月, 2巻 3号).

江口千代,「銀の御殿」(大正 8年 7, 8月, 3巻 1, 2号).

江口千代,「朝鮮人蔘」(大正 9年 6月, 4巻 6号).

江口千代,「朝顔の花」(大正 10年 11月, 7巻 5号).

小川未明,「酔つぱらひ星」(大正 9年 1月, 4巻 1号).

小川未明,「栗の圃」(大正 9年 7月, 5巻 1号).

小川未明,「小さな草と太陽」(大正 9年 11月, 5巻 5号).

小川未明,「北の国のはなし」(大正 10年 4月, 6巻 4号).

小川未明,「一本の柿の木」(大正 10年 9月, 7巻 3号).

小川未明,「ふるさとの林の歌」(大正 10年 12月, 7巻 6号).

小川未明,「黒い人と赤い橇」(大正 11年 1月, 8巻 1号).

小川未明,「女の魚売」(大正 11年 4月, 8巻 4号).

小川未明,「月夜と眼鏡」(大正 11年 7月, 9巻 1号).

小川未明,「気まぐれの人形師」(大正 12年 1月, 10巻 1号).

小川未明,「飴チヨコの天使」(大正 12年 3月, 10巻 3号).

小川未明,「初夏の不思議」(大正 12年 6月, 10巻 6号).

小川未明,「海蛍」(大正 12年 8月, 11巻 2号).

小川未明,「大根とダイヤモンド」(大正 12年 11月, 11巻 4号).

小川未明,「翼の破れた鳥」(大正 13年 3月, 12巻 3号).

小川未明,「花と少女」(大正 13年 5月, 12巻 5号).

小川未明,「娘と大きな鐘」(大正 13年 7月, 13巻 1号).

小川未明,「汽船の中の父と子」(大正 13年 9月, 13巻 3号).

小川未明, 「幽霊船」(大正 13年 11月, 13巻 5号).

小川未明, 「青い釦」(大正 14年 1月, 14巻 1号).

小川未明, 「風の寒い世の中へ」(大正 14年 3月, 14巻 3号).

小川未明, 「白い門のある家」(大正 14年 5月, 14巻 5号).

小川未明, 「鼠とバケツの話」(大正 14年 7月, 15巻 1号).

小川未明, 「負傷した線路と月」(大正 14年 10月, 15巻 4号).

小川未明, 「三つの鍵」(大正 14年 12月, 15巻 6号).

小川未明, 「町の天使」(大正 15年 1月, 16巻 1号).

小川未明, 「春さきの古物店」(大正 15年 3月, 16巻 3号).

小川未明, 「水車のした話」(大正 15年 5月, 16巻 5号).

小川未明, 「窓の下を通つた男」(大正 15年 7月, 17巻 1号).

小川未明, 「おけらになつた話」(大正 15年 10月, 17巻 4号).

小川未明, 「罐の中の世界」(昭和 2年 1月, 18巻 1号).

小川未明, 「風と木, 鳥と狐」(昭和 2年 4月, 18巻 4号).

小川未明, 「金魚売」(昭和 2年 6月, 18巻 6号).

小川未明, 「その日から正直になつた話」(昭和 2年 9月, 19巻 3号).

小川未明, 「遠方の母」(昭和 2年 12月, 19巻 6号).

小川未明, 「温泉へ出かけた雀」(昭和 3年 3月, 20巻 3号).

小川未明, 「なまづとあざみの話」(昭和 3年 5月, 20巻 5号).

小川未明, 「ガラス窓の河骨」(昭和 3年 7月, 21巻 1号).

小川未明, 「南方物語」(昭和 3年 9月, 21巻 3号).

小川未明, 「般若の面」(昭和 3年 11月, 21巻 5号).

小川未明, 「赤いガラスの宮殿」(昭和 4年 1月, 22巻 1号).

小山内薫, 「俵の蜜柑」(大正 7年 7月, 1巻 1号).

小野浩, 「三輪車」(大正 12年 7月, 11巻 1号).

小野浩, 「ある星のお話」(大正 15年 11月, 17巻 5号).

小野浩, 「つかまへて見たサンタクローズ」(大正 15年 12月, 17巻 6号).

小野浩, 「庭のできごと」(昭和 2年 5月, 18巻 5号).

小野浩, 「お人形と写真」(昭和 2年 6月, 18巻 6号).

小原亮, 「落書」(大正 10年 10月, 7巻 4号).

加治亮介, 「鼻白の木馬」(昭和 3年 5月, 20巻 6号).

交野なつ子, 「紙雛さま」(大正 9年 5月, 4巻 5号).

加藤武雄, 「めぐりあひ」(大正 11年 6月, 8巻 6号).

加能作次郎, 「少年と海」(大正 9年 8月, 5巻 2号).

狩野りつ子, 「ゴム長靴」(昭和 3年 9月, 21巻 3号).

上司小剣, 「鯉」(大正 11年 7月, 9巻 1号).

上司小剣, 「銅屋の子」(大正 12年 8月, 11巻 2号).

上司小剣, 「青い時計」(大正 13年 8月, 13巻 2号).

上司小剣, 「貫一と兵隊さん」(大正 13年 11月, 13巻 5号).

上司小剣, 「光男の猟銃」(大正 14年 3月, 14巻 3号).

上司小剣, 「松茸狩」(大正 15年 11月, 17巻 5号).

上司小剣, 「鳥と猫のたたかひ」(昭和 3年 4月, 20巻 4号).

上司小剣, 「西瓜どろぼう」(昭和 3年 7月, 21巻 1号).

上司小剣, 「碁から野球へ」(昭和 3年 10月, 21巻 4号).

河合その子, 「帰り道」(大正 14年 5月, 14巻 5号).

河合その子, 「挿入の中」(大正 15年 5月, 16巻 5号).

河合その子, 「夏服」(昭和 2年 5月, 18巻 5号).

木内高音, 「丁子ちゃんのお靴」(大正 13年 11月, 13巻 5号).

木内高音, 「てい子ちゃんとお魚」(大正 14年 4月, 14巻 4号).

木内高音, 「インキのしみ」(大正 15年 8月, 17巻 2号).

木内高音, 「大晦日の夜」(大正 15年 12月, 17巻 6号).

木内高音, 「態と車掌」(昭和 2年 3, 4月, 18巻 3, 4号).

木内高音, 「金を投げ返した少年」(昭和 2年 5月, 18巻 5号).

木内高音, 「風船玉売り」(昭和 2年 11月, 19巻 5号).

木内高音, 「人形つくりの話」(昭和 2年 12月, 19巻 6号).

木内高音, 「鍵の花」(昭和 3年 3月, 20巻 3号).

木内高音, 「水菓子屋の要吉」(昭和 3年 7月, 21巻 1号).

木内高音, 「支那人の子」(昭和 3年 12月, 21巻 6号).

木内高音, 「巡回動物園」(昭和 4年 2月, 22巻 2号).

菊池寛, 「一郎次, 二郎次, 三郎次」(大正 8年 4~6月, 2巻 4~6号).

菊池寛, 「納豆合戦」(大正 8年 9月, 3巻 3号).

菊池寛, 「宮本武蔵と勇少年」(大正 9年 3月, 4巻 3号).

菊池寛, 「艦長の子」(大正 9年 6月, 4巻 6号).

菊池寛, 「八太郎の鷲」(大正 12年 1月, 10巻 1号).

北原白秋, (童謡)「お祭」(大正 7年 10月, 1巻 4号).

北原白秋, (童謡)「金魚」(大正 8年 6月, 2巻 6号).

楠山正雄, 「祖母」(大正 10年 3月, 6巻 3号).

楠山正雄, 「ピアノ」(大正 13年 3月, 12巻 3号).

近藤喬, 「窓」(大正 9年 4月, 4巻 4号).

西条八十, (童謡)「かなりあ」(大正 7年 11月, 1巻 5号).

西条八十, (童謡)「お山の大将」(大正 9年 6月, 4巻 6号).

佐藤春夫, 「実の胡弓」(大正 12年 7月, 11巻 1号).

篠崎黄二, 「貞一君」(昭和 3年 4月, 20巻 4号).

島崎藤村, 「二人の兄弟」(大正 7年 7月, 1巻 1号).

島崎藤村, 「小さな土産話」(大正 8年 4月, 2巻 4号).

島崎藤村, 「コケコツコー」(大正 9年 1月, 4巻 1号).

島崎藤村, 「翫具は野にも畠にも」(大正 9年 10月, 5巻 4号).

島崎藤村, 「お弁当」(大正 10年 7月, 7巻 1号).

島崎藤村, 「虫の話」(大正 12年 8月, 11巻 2号).

下村千秋, 「神様の布団」(大正 14年 4月, 14巻 4号).

下村千秋, 「太一郎とつばめ」(大正 14年 9月, 15巻 3号).

下村千秋,「ひろつた星」(大正 15年 1月, 16巻 1号).

下村千秋,「猫のお墓」(大正 15年 12月, 17巻 6号).

下村千秋,「軍艦と猿」(昭和 2年 9~11月, 19巻 3~5号).

下村千秋,「桃の花と女の子」(昭和 3年 5月, 20巻 5号).

下村千秋,「飛行将校と少年たち」(昭和 3年 7, 8月, 21巻 1, 2号).

下村千秋,「曲馬団のトツテンカン」(昭和 3年 9~11月, 21巻 3~5号).

杉岡はな,「六さんの死」(大正 13年 8月, 13巻 2号).

杉山正賢,「六学年」(大正 15年 8月, 17巻 2号).

鈴木三重吉,「ぶくぶく長長火の目小僧」(大正 7年 7月, 1巻 1号).

鈴木三重吉,「ぽツぽのお手帳」(大正 7年 7月, 1巻 1号).

鈴木三重吉,「女神の死」(다이쇼 8년 7월, 3권 1호『고사기(古事記)』에서
　　　재화, 다이쇼 9년 9월까지 연재되었으며,『고사기이야기(古事記物
　　　語)』로 간행되었다).

鈴木三重吉,「お馬」(大正 10年 1月, 6巻 1号).

鈴木三重吉,「お誕生日」(大正 13年 8月, 13巻 2号).

鈴木三重吉,「子どもの水兵」(大正 13年 9月, 13巻 3号).

鈴木三重吉,「おぢいさんお馬」(大正 13年 12月, 13巻 6号).

鈴木三重吉,「黒い子猫」(昭和 2年 4月, 18巻 4号).

鈴木誉志子,「銀の小函」(大正 8年 10月, 3巻 4号).

相馬泰三,「薬草のあるところ」(大正 14年 8月, 15巻 2号).

武久照子,「櫨の木」(大正 9年 3月, 4巻 3号).

館内伊佐美,「桜の花」(大正 8年 6, 7月, 2巻 6号, 3巻 1号).

丹野てい子,「お誕生日」(大正 15年 11月, 17巻 5号).

塚原健二郎,「奇術師の鞄」(昭和 2年 2月, 18巻 2号).

塚原健二郎,「あめ売り正吉」(昭和 3年 8月, 21巻 2号).

堤文子,「たまご」(昭和 2年 9月, 19巻 1号).

堤文子,「文鳥」(昭和 2年 9月, 19巻 3号).

堤文子, 「犬の子」(昭和 2年 12月, 19巻 6号).

坪田譲治, 「河童の話」(昭和 2年 6月, 18巻 6号).

坪田譲治, 「善太と汽車」(昭和 2年 10月, 19巻 4号).

坪田譲治, 「正太と蜂」(昭和 2年 11月, 19巻 5号).

坪田譲治, 「ろばと三平」(昭和 3年 2月, 20巻 2号).

坪田譲治, 「木の下の宝」(昭和 3年 6月, 20巻 6号).

坪田譲治, 「小川の葦」(昭和 3年 9月, 21巻 3号).

豊島与志雄, 「樫の宮」(大正 9年 9月, 5巻 3号).

豊島与志雄, 「狸のお祭」(大正 10年 1月, 6巻 1号).

豊島与志雄, 「手品師」(大正 12年 5月, 10巻 5号).

豊島与志雄, 「天下一の馬」(大正 13年 3月, 12巻 3号).

豊島与志雄, 「キンシヨキシヨキ」(大正 14年 6月, 14巻 6号).

豊島与志雄, 「天狗笑」(大正 15年 7月, 17巻 1号).

豊島与志雄, 「影法師」(昭和 2年 1月, 18巻 1号).

長田秀雄, 「地獄極楽」(大正 9年 10月, 5巻 4号).

長田秀雄, 「鋼鉄色の自動車」(大正 11年 3月, 8巻 3号).

長田秀雄, 「牡丹の花」(大正 11年 7, 8月, 9巻 2, 3号).

長田秀雄, 「火星通信」(大正 13年 9月, 13巻 3号).

中村星湖, 「栗拾ひ」(大正 10年 3, 4月, 6巻 3, 4号).

中村星湖, 「むじなの手」(大正 12年 2月, 10巻 2号).

中村星湖, 「馬鹿八と雀」(大正 13年 6月, 12巻 6号).

中村星湖, 「笑ふ門」(大正 14年 6月, 14巻 6号).

中村星湖, 「虫を取る子」(大正 15年 11月, 17巻 5号).

野上豊一郎, 「猫を殺した話」(大正 8年 9月, 3巻 3号).

広津和郎, 「太助の薄馬鹿」(大正 9年 11月, 5巻 5号).

福永渙, 「馬鹿をどり」(昭和 3年 9月, 21巻 3号).

細田源吉, 「くろい態」(大正 14年 1月, 14巻 1号).

細田源吉, 「六やと坊ちやま」(大正 14年 4月, 14巻 4号).

細田源吉, 「都へ出てみたら」(大正 14年 6月, 14巻 6号).

細田源吉, 「巣の中の卵」(大正 14年 10月, 15巻 4号).

細田源吉, 「居ねむり婆や」(大正 15年 10月, 17巻 4号).

細田民樹, 「相思鳥と鶏」(大正 11年 2月, 8巻 2号).

細田民樹, 「野菊の話」(大正 14年 10月, 15巻 4号).

本間久雄, 「星の子」(大正 8年 12月, 9年 2月, 3巻 6号, 4巻 2号).

松本篤造, 「かへり路」(大正 14年 11月, 15巻 5号).

水木京太, 「人形」(大正 11年 12月, 9巻 6号).

水木京太, 「同情学校」(大正 13年 4月, 12巻 4号).

水木京太, 「果物の国」(大正 13年 10月, 13巻 4号).

水木京太, 「悪魔の鍵」(大正 14年 8月, 15巻 2号).

水木京太, 「トムの病気」(大正 14年 11月, 15巻 5号).

水木京太, 「不思議な店」(昭和 3年 3月, 20巻 3号).

水木京太, 「啞の笑ひ」(昭和 3年 8月, 21巻 2号).

水島爾保布, 「瓶割猪之吉」(大正 11年 10月, 9巻 4号).

宮島資夫, 「銛の圧吉」(昭和 2年 8月, 19巻 2号).

宮島資夫, 「清造と沼」(昭和 3年 1月, 20巻 1号).

宮原晃一郎, 「閻魔のお腹」(大正 14年 9月, 15巻 3号).

宮原晃一郎, 「子どもと子猫」(大正 15年 4月, 16巻 4号).

宮原晃一郎, 「おとも雀」(大正 15年 6月, 16巻 6号).

宮原晃一郎, 「鳩の鳴く時計」(昭和 2年 6月, 18巻 6号).

宮原晃一郎, 「音楽会の切符」(昭和 3年 2月, 20巻 2号).

向井八門, 「春の流れ」(大正 11年 1月, 8巻 1号).

室生犀星, 「寂しき魚」(大正 9年 12月, 5巻 6号).

室生犀星, 「塔を建てる話」(大正 10年 10月, 7巻 4号).

森田草平, 「鼠のお葬ひ」(大正 13年 9月, 13巻 3号).

吉田絃二郎, 「黒ん坊白ん坊」(大正 10年 11, 12月, 7巻 5, 6号).

吉田絃二郎, 「お寺の 塔」(大正 11年 5月, 8巻 5号).

吉田絃二郎, 「お銀の歌」(大正 11年 8月, 9巻 2号).

吉田絃二郎, 「マカアの夢」(大正 11年 12月, 9巻 6号).

吉田絃二郎, 「壷作りの柿丸」(大正 12年 8月, 11巻 2号).

吉田絃二郎, 「天までとどけ」(大正 13年 4月, 12巻 4号).

吉田絃二郎, 「伐り倒された木」(大正 13年 8月, 13巻 2号).

吉田絃二郎, 「子供と小鳥」(大正 13年 11月, 13巻 5号).

吉田絃二郎, 「青い鳥と赤い花」(大正 14年 3月, 14巻 3号).

吉田絃二郎, 「梟と幸吉」(大正 14年 8月, 15巻 2号).

吉田絃二郎, 「船の少年(大正 14年 11月, 15巻 5号).

吉田絃二郎, 「天城の子」(大正 15年 4月, 16巻 4号).

吉田夏了, 「桜の枝」(大正 9年 12月, 5巻 6号).

吉田夏子, 「友だち」(大正 10年 2月, 6巻 2号).

吉田夏子, 「信ちゃんの死」(大正 10年 5月, 6巻 5号).

※ 이 리스트에는 재화 작품이나 어린이가 등장하지 않는 작품도 간혹 포함되어있다. 전기 『빨간 새』의 동화에는 외국 아동문학, 메르헨, 일본 설화에서 재화한 작품이 많다. 창조적인 요소가 강한 재화는 그냥 번역 작품이라고 하기 어렵고, 대부분 출전도 밝히지 않았다. 그러므로 재화인지 창작동화인지 구별하기가 어려운 작품도 있다. 여기에서는 일단 작가의 창작이라고 생각되는 작품 중에서 어린이가 주인공인 동화를 먼저 포함시켰다. 그리고 『빨간 새』의 대표작이라고 할 만한 작품들과, 주인공이 어린이가 아니어도 상징적 의미나 문장 표현이 『빨간 새』의 동화적 특질을 잘 나타낸 작품이라면 첨가하였다.

옮긴이가 참고한 도서

가라타니 코오진 외, 손태욱 역, 『근대 일본의 비평』 1, 소명출판, 2002.

고재석 편, 『일본문학·사상 명저 사전』, 깊은샘, 1993.

『동아 프라임 일한사전』, 동아출판사, 1990.

릴리안 스미스, 김요섭 역, 『아동문학론』, 교학사, 1966.

大阪国制児童文学館 編, 『日本児童文学大辞典』 1~2권, 1993.

『新編 日本文学史』, 第一学習社, 1969.

植田敏郎, 『巌谷小波とドイツ文学＜お伽噺＞の源』, 大日本図書株式会
　　社, 1991.

이 책은 내 석사논문 「근대 일본에서 '어린이'의 이미지—지식사회학 접근[近代日本における子どものイメージ—知識社会学的接近]」이 밑바탕이다.

나는 대학을 졸업하고, 십 년 정도 편집자로 일하다가 다시 사회학을 공부하였다. 일을 하면서 어느 날 우연히 모교에서 사회학 강의를 청강했는데, 느닷없이 이 학문에 끌려버렸다. 지금까지 일 속에서 경험으로 배운 여러 사항이 논리 있게 설명되는 쾌감을 느꼈고, 누구나 '자명'하다고 의심하지 않은 사항이 사실은 일종의 계략, 사회 구성물이라고 분명히 말하는 사회학의 대담성이 멋있었다(?). 어쨌든 관심이 생겨 대학원에 진학하여 더 공부하고 싶었다.

사회학 안에서도 '지식사회학'으로 불리는 영역, 특히 사람들이 '알고 있는 것' 또는 '알고 있다고 생각하는 것'을 '지식'으로 간주하고, 그 사회학적 형성과 작용을 고찰하는 넓은 의미의 지식사회학에 흥미를 가졌다. 그래서 나는 석사논문에서 이 같은 시점을 '어린이'에 적용하려고 하였다. 그리고 근대 일본에서 어린이관의 변모를 보기 위해 아동문학을 소재로 선택하여 다이쇼기의 대표 동화잡지 『빨간 새』에 실린 작품을 조금씩 읽어가는 중에 이야기에 등장하는 어린이들의 모습이 실제로 독특한 것을 발견하였다. 왜 이런 어린이 이미지가 생겨난 것일까? 그 수수께끼를 풀어보고 싶었다. 물론 나는 아동문학연구자가 아니기 때문에 문학론을 전개할 작정은 아니었다. 단, 다이쇼기의 '동화'의 특이성을 부각하여 이 시기에 형성된 '어린이'에 대한 '지식'을 탐색하고 싶었다.

석사논문을 쓰면서 나는 『빨간 새』의 작품에 어느새 애착을 가지게 되었다. 『빨간 새』의 명작을 그 무렵 유치원에 다니고 있던 딸에게도 읽어주었는데, 딸은 '재미없어' 하고 한 번도 관심을 나타내지 않았다. 당연하다고 생각한다. 딸도 초등학교에서 아쿠다가와 류노스케의 「두자춘」과 아리시마 타케오의 「포도 한 송이」를 배우고 이제는 중학교 2학년이다. 그사이 천천히 걸음마하면서 석사논문에서 다루었던 범위를 좀 더 넓혀 논문 몇 개를 더 쓰고, 겨우 한 권으로 정리할 수 있게 되었다.

이것은 오로지 나 같은 만학도를 친절히 지도해 주신 오사카대학 인간과학부 교수님들 덕분이다. 지도교수 이노우에 슌[井上俊] 교수님, 시오하라 츠토무[塩原勉] 교수님을 비롯하여 많은 선생님들에게 사사를 했고 유익한 지도를 받았다. 다시 한번 고맙다고 인사드리고 싶다. 또 근무처 무코가와[武庫川] 여자대학교 문학부 인간관계학과 교수님들에게도 많은 도움을 받았다. 무코가와 여자대학교 도서관의 많은 자료와 오사카 부립 국제 아동문학관이 가까이 있어서 자주 이용할 수 있었던 것도 행운이었다.

마지막으로 이 책을 간행하는데, 예전에 편집자였다고 말하기 부끄러울 정도로 솜씨 나쁜 나를 친절히 격려해 주시고, 정확한 조언을 해 주신 츄코신쇼[中公新書] 편집부의 마츠무라 토오루[松室徹] 씨에게도 감사를 드린다.

1998년 1월

가와하라 카즈에[河原和枝]

저는 이 책을 두 가지 관점에서 바라보았습니다.

첫 번째는 일본에서 '어린이'란 개념이 어떤 식으로 만들어지고, '어린이'에 대한 생각이 어떻게 변화되었나 하는 점이었습니다.

저자가 앞에서도 설명했듯이, 메이지 부국강병정책의 하나로서 근대국가를 짊어질 어린이를 교육하기 위한 방편으로 제도적으로 만들어졌고, 또 다이쇼기 문학자들이 꿈꾼 이상향의 공간으로서 어린이 이미지가 만들어져 정착되었습니다.

두 번째는 우리 아동문학자들이 무엇을 어떻게 받아들였을까 하는 점이었습니다.

1920년대는 『빨간 새』가 창간되었고, 다른 잡지들도 잇달아 창간되었으며 일본은 사회·경제적 여건이 비약적으로 발전했던 시기였습니다. 이 시기에 우리나라는 일본의 식민지였고, 정치·경제·사회·문화적 측면에서 일본의 영향 아래 놓여 있었습니다.

이 시기에 우리나라 지식인들은 일본으로 유학을 갔습니다. 그들이 일본에서 무엇을 보았고, 무엇을 배워 왔을까요?

그리고 저자는 『빨간 새』를 매우 높이 평가하고, 또 그렇기도 합니다만, 다이쇼 시기에 더 많은 영향을 미쳤던 잡지는 『소년클럽』이었습니다.

『소년클럽』은 1914년에 창간되었고, 1917년에 4만 부 1920년에 8만 부 1923년에 12만 부가 판매되었습니다. 1923년 『빨간 새』가 쇠퇴하던 시기에 『소년클럽』은 30만 부나 팔렸습니다. 『빨간 새』가 폐간되기 전인 1929년에는 45만 부가 팔렸습니다.

이렇게 숫자만으로 보아도 『소년클럽』이 더 지대한 영향을 미치고 있다는 사실을 알 수 있습니다.

높이 평가하는 것과 지대한 영향을 미친 것은 어떤 차이가 있을까요? 이런 점도 살펴보았습니다.

저자가 제시하는 대로 쭉 따라가다 보니, 일본이 사회·문화적으로 어떻게 근대화가 이루어졌는지를 나름대로 잘 알 수가 있었습니다. 정치·경제적인 면에 대해서는 여러 책들에서 많이 다루었지만, 사회·문화적인 면을 다룬 책은 그렇게 많지 않은데 매우 흥미로웠습니다.

마지막으로 번역하는 데 도움을 주시고 책이 나오도록 애써 주신 많은 분들께 심심한 인사를 올립니다.

2007년 3월
양미화